延安风尚

王纪刚 ◎ 编著

红色文化·延安记忆

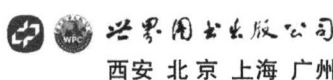

西安 北京 上海 广州

图书在版编目(CIP)数据

延安风尚/王纪刚编著. —西安：世界图书出版西安有限公司，2017.12（2023.6重印）
ISBN 978-7-5192-3835-3

Ⅰ.①延… Ⅱ.①王… Ⅲ.①延安精神—摄影集 Ⅳ.①D648.4-64

中国版本图书馆CIP数据核字（2017）第265923号

延安风尚　Yan'an Fengshang

编　　著	王纪刚
责任编辑	薛春民　雷　丹
视觉设计	诗风文化
出版发行	世界图书出版西安有限公司
地　　址	西安市北大街85号
邮　　编	710003
电　　话	029－87214941　029－87233647（市场营销部） 029－87235105（总编室）
传　　真	029－87279675
经　　销	全国各地新华书店
印　　刷	西安五星印刷有限公司
规　　格	787mm×1092mm　1/16
印　　张	17.25
字　　数	250千字
版次印次	2017年12月第1版　2023年6月第5次印刷
书　　号	ISBN 978-7-5192-3835-3
定　　价	48.00元

☆如有印装错误，请寄回本公司更换☆

《红色文化·延安记忆》丛书
序　言

　　有一个地方，地处西北荒原，条件艰苦，交通不便，却如同磁石一样吸引和召唤着全国各地以及海外的各方人士、青年学生、爱国侨胞纷至沓来。她以不可思议的"魔力"感染甚至动员了来自国内外的记者、民主人士、军政官员，有人感叹：我要是在这里继续待下去，可能也会变成一名共产主义者，而有的人则义无反顾地留在这儿一起战斗，甚至在抗战前线献出了宝贵的生命……

　　有一个地方，从来是作为精神的家园、灵魂的圣地，给了无数生长于斯、生活于斯、战斗于斯的人们巨大的精神动力和情感寄托，令他们牵肠挂肚、难以忘怀；也令更多的人心怀崇敬，真诚向往……

　　这个地方，就是——延安！

　　"深厚坚实的黄土，傍城东流的延河，嘉陵山上高耸入云的古宝塔，以及那一层层、一排排错落有致的窑洞，这一切都使我感到新鲜。特别是这里的人们个个显得十分愉快，质朴，人们之间的关系又是那么融洽。我看到毛主席、朱总司令等人身穿粗布制服出现在延安街头，和战士、老乡唠家常，谈笑风生，……我被深深地感动了。我觉得我已经到了另一个世界，这正是我梦寐以求的理想所在。"①

---

① 吴印咸：《延安影艺生活录》，艾克恩主编：《延安艺术家》，西安：陕西人民教育出版社，1992年8月版，第282页。

——说这段话的，是著名摄影家吴印咸。他刚来延安时，只是应邀拍摄纪录片《延安与八路军》，并且是抱着拍完片子就回上海的态度。在延安，他享受着共产党人对外来知识分子的特殊礼遇：每个月120元的生活津贴。须知，当时作为中共领袖的毛泽东、朱德每月也就只有5块钱。一年多后，片子拍摄即将结束，时年40岁的吴印咸毅然做出了留在延安的决定，参加八路军！并按照八路军的标准拿着每月1块钱的津贴。①

作为第一个来到陕北采访的外国记者，美国人斯诺回顾自己四个月的采访，"是一段极为令人振奋的经历。我在那里遇到的人们似乎是我所知道的最自由最幸福的中国人。在那些献身于他们认为完全正义的事业的人们身上，我强烈地感受到了充满活力的希望、热情和人类不可战胜的力量，自那以后，我再也没有过那样的感受了。"②

不光是斯诺，后来带着"谁，什么是中国共产党？"疑问的不少外国记者、外国政要、外军将官，也都在与延安接触之后，不约而同地主动发声，向外界表达自己对延安的由衷敬意。用美国记者爱泼斯坦的话来说，现在我能够做的，就是将我们知道的告诉全世界人民。③

而那些在延安长期生活的人，对延安的体会尤为深刻：

在延安，真是地不分南北，人不分老幼，不管你学问多少，本事大小，总能找到你能干的工作，发挥你的长处。随着形势变化，工作岗位也经常变化。今天你当班长，说不定过几天就让你当连长；今天你领导他，不久他又领导你；变来变去倒把人变聪明了。懂得了岗位的变化，职务升降，都是形势需要、工作需要，一般人很少计较。而且不计较个人得失的人，往往发展得比计较

---

① 吴筑清、张岱：《中国电影的丰碑：延安电影团故事》，北京：中国人民大学出版社，2008年，第134页。
② [美]埃德加·斯诺著，宋久、柯南、克雄、新民、董乐山译：《斯诺文集1：复始之旅》，北京：新华出版社，1984年，第212、213页。
③ [美]伊斯雷尔·爱泼斯坦：《把真理告诉全世界》，齐文编译：《外国记者眼中的延安及解放区》，上海：历史资料供应社，1946年，第140页。

得失的人更好。延安人在这方面受到的教育,是终身受用的。①

——这是先后在延安抗大、马列学院等学校学习,后来长期在延安工作的王仲方的肺腑之言。

难怪有人感慨:在延安,物质生活虽然简朴、艰苦,工作与劳动虽紧张,但精神上的愉快,是生活在世界上任何其他地方的人都不可能体会到的。情不自禁地联想到了李白的佳句:"此曲只应天上有,人间难得几回闻。"② 并由衷夸赞:延安的水是甜的,延安的小米是香的,延安的人是亲的。③

历史,是最客观的存在。

历史,值得记录,更值得记忆。

延安所体现的无处不在的红色记忆,在新时代的今天,尤其值得珍视。

更不用说,红色中国正是从这里一步步稳健地走来。

习近平同志指出:"历史和现实都证明,中华民族有着强大的文化创造力。每到重大历史关头,文化都能感国运之变化、立时代之潮头、发时代之先声,为亿万人民、为伟大祖国鼓与呼。中华文化既坚守本根又不断与时俱进,使中华民族保持了坚定的民族自信和强大的修复能力,培育了共同的情感和价值、共同的理想和精神。"延安时期的十三年,是我们党以及中国革命不断发展、成熟、壮大的十三年,也是中国共产党局部执政取得杰出成就的十三年。深入挖掘延安十三年的红色文化,传承延安记忆中的红色基因,对于继承和发扬延安精神,弘扬革命传统,意义重大而紧迫。

这套《红色文化·延安记忆》丛书,从广大的普通读者特别是年轻读者的需求为出发点,以党中央在延安十三年的伟大实践为蓝本,以权威文献资料

---

① 王仲方:《延安风情画——一个"三八式"老人的情思》,北京:中国青年出版社,2010年,第102-103页。
② 古达:《童年在故乡》,孙新元、尚德周编:《延安岁月》,西安:陕西人民美术出版社,1985年,第79页。
③ 罗文治:《我五次进出延安的经过》,西安市政协文史资料委员会编:《忆延安》(西安文史资料第17辑),西安:陕西人民出版社,1991年,第387页。

和延安时期代表人物的作品、回忆录等为文献依托，以客观的历史事件和人物活动为叙述对象，以平实朴素、鲜活传神的叙述视角和语言风格，采取图文并茂的方式，从延安时期的社会风尚、学校教育、文化活动、新闻宣传、经典事件、典型人物等不同角度，系统解读和梳理延安时期的壮阔历史。以大历史感知新时代，用小故事生发精气神，于客观描述与情景再现中，展现延安时期积极向上的社会风貌和时代精神。

历史，不单单是已经发生了的史实，也包括正在发生的事情。无疑，我们现在对历史的解读，在若干年后也同样会成为历史。正因此，我们要善待历史、敬畏历史。对红色延安的历史解读，同样如此，甚至更应如此。

只有真正让历史说话，才能使红色记忆永存。

编写中，我们参考了大量的学术研究成果和历史文献，对引用的文献资料一般都进行了标注，限于行文体例及阅读便利，个别引文或引述没有标出，而以"参考文献"的形式附于文后；同时采用了由延安电影团、来延安采访的中外记者、驻延安的美军观察组成员等拍摄的历史照片，以及相关图书、出版物、网站上的照片资料，在此一并说明并表示诚挚的感谢。

引 子

20世纪三四十年代的延安街头,正在举行一场自发的诗歌朗诵会。时年36岁、大高个的柯仲平,喜好吟诵,有行吟诗人之风。人们要求他给大家朗诵一首诗,柯仲平欣然答应,大声朗诵了苏联著名作家高尔基的抒情诗《海燕》。他念得很认真入神:

高傲的海燕,勇敢地,自由自在地,在这泛着白沫的海上飞掠着。
……
海燕叫喊着,飞掠过去,好像深黑色的闪电,箭似的射穿那阴云,用翅膀刮起那浪花的泡沫。
看罢,它飞舞着,像仙魔似的——高傲的,深黑色的,暴风雨的仙魔——它在笑,又在嚎叫……它笑那阴云,它欢乐得嚎叫!
……
那是勇猛的海燕,在闪电中间,在怒吼的海的头上,得意洋洋地飞掠着;这胜利的预言家叫了:
"让暴风雨来得厉害些罢!"①

柯仲平投入地朗诵着。念到海燕飞到天上,他就站在凳子上展开双臂摆

---

① [俄]高尔基著,瞿秋白译:《高尔基中短篇作品精编:海燕》,桂林:漓江出版社,2003年,第12、13页。

柯仲平在朗诵诗歌

动着,念到海燕飞近海面,他又下来,蹲下身子用手掠着地面。如此边念边表演,一上一下,一首诗朗诵完已满头大汗,博得大家热烈掌声,他也用手巾擦擦汗挥手而去。①

1937年1月,中共中央刚刚进驻延安②时,被毛泽东幽默地称为"大城市"的延安,还只是一个位于"三山夹两川"③狭长地段的西北一隅的小城:整个城市只有一条长两三里的街道,城区人口不过3000人,四围的古城墙之内,所谓的商店或饭馆也仅有那么四五家。

延安的物质生活是贫乏的。

延安地处西北黄土高原,地瘠民贫,商业凋敝。城内几乎没有像样的建筑,多为平房。即使如此,也在日本飞机1938年底开始的多次轰炸中变成一片瓦砾,旧城几乎无存。

曾在鲁艺工作的蔡若虹回忆了延安遭受日本飞机轰炸后的惨状:

> 这是一九三九年的五月,正当延安遭受日本飞机的疯狂轰炸以后。我从南门走到北门,穿过延安城的中心,沿路没有看见一间完整的房屋、一堵完整的墙壁、一扇完整的门窗;整个延安城被炸成一片铺着砖头瓦砾的平地。④

---

① 王仲方:《延安风情画——一个"三八式"老人的情思》,北京:中国青年出版社,2010年,第4、5页。
② 1936年12月18日,红军和平进驻肤施城(延安市的旧称)。1937年1月10日,毛泽东、张闻天、朱德等中央领导人率中共中央机关由陕北保安(今志丹县)动身,于13日到达延安。
③ 指三山鼎峙的宝塔山、清凉山、凤凰山(亦称"西山",古城延安依西山而建)。两川指延河流经的西北川和南河之川。延河由西北川流经古城延安,在宝塔山山下与南川流过来的南河汇集转向东流汇入黄河。
④ 蔡若虹:《窑洞风情》,孙新元、尚德周编:《延安岁月》,西安:陕西人民美术出版社,1985年,第480页。

延安的小米饭在刚到延安的冼星海看来也并不好吃：

> 我也吃到了小米饭，这饭不好吃，看来金黄可爱，像蛋炒饭，可是吃起来没有味道，粗糙，还杂着壳，我吃一碗就吃不下了。以后吃了很久才吃惯。各方面的生活我也跟他们一样，我开始学过简单的生活。①

以至于到后来，曾在延安学习并长期工作的王仲方还津津乐道于延安的"三不沾"：

> 这三不沾是延安特有的，鸡蛋加糖搅匀用猪油炒熟的，黄黄的、软软的、甜甜的、香香的，不沾嘴，不沾筷子，不沾碗，很好吃，又解馋，成了延安人心中的名菜。外国朋友不明白三不沾，叫它"三个没有关系"。②

延安的精神生活却是丰富的：

> 每逢星期六和星期日晚上，在城内的礼堂③里都举行文艺晚会。……延安热闹的中心，城楼走道两侧城墙上，贴满了各文艺团体、学校、机关等单位编写出版的文艺墙报。在边区文协出版的墙报上，经常登载诗人柯仲平的诗歌，作家刘白羽、周而复等同志写的小品文。美术工作者为墙报设计刊头，画插图，排版。一到傍晚，这些墙报跟前挤满了前来观赏的干部、青年和当地群众。④

---

① 冼星海：《新环境》，艾克恩主编：《延安艺术家》，西安：陕西人民教育出版社，第320页。
② 王仲方：《延安风情画——一个"三八式"老人的情思》，北京：中国青年出版社，第3页。
③ 指英国传教士欧内斯特·波尔斯特-史密斯夫妇1914年11月1日在延安府二道街建成的沁信会基督教堂。1937年5月至6月，中共中央曾在这里先后召开中国共产党全国代表会议（时称苏区党代表会议）、中国共产党白区工作会议等会议。后被日机炸毁。
④ 钱辛稻：《战争年月》，孙新元、尚德周编：《延安岁月》，西安：陕西人民美术出版社，1985年，第464页。

在担任美国驻延安军事观察组成员并长驻延安的美国人约翰·高林看来"那里显然不拘礼仪":

>人们漫步街头,倾吐衷肠。士兵和军官在轻松的同志式友爱气氛中,相互谈天和开玩笑。在集会上不安排座次。在讨论中,毛泽东和所有其他人都简单地被称作"同志"。①

约翰·高林在书中总结道:在延安,强调理想至上。共产党人确信,在延安培育起来的这种同仇敌忾的精神,可以扩展到全中国。美国记者斯诺回顾自己在陕北采访的四个月,"是一段极为令人振奋的经历。我在那里遇到的人们似乎是我所知道的最自由最幸福的中国人。在那些献身于他们认为完全正义的事业的人们身上我强烈地感受到了充满活力的希望、热情和人类不可战胜的力量,自那以后,我再也没有过那样的感受了"。②

从上海来的摄影家吴印咸视野中的延安则给了他别样的体会:

>特别是这里的人们个个显得十分愉快,质朴,人们之间的关系又是那么融洽。我看到毛主席、朱总司令等人身穿粗布制服出现在延安街头,和战士、老乡唠家常,谈笑风生,……我被深深地感动了。我觉得我已经到了另一个世界,这正是我梦寐以求的理想所在。③

后来,原本只打算拍完电影就离开的吴印咸,最终选择留在了延安。

---

① [美]约翰·高林著,孙振皋译:《延安精神——战时中美友好篇章》,北京:华艺出版社,1992年,第33页。
② [美]埃德加·斯诺著,宋久、柯南、克雄、新民、莹乐山译:《斯诺文集》第1卷,北京:新华出版社,1984年,第212、213页。
③ 吴印咸:《延安影艺生活录》,艾克恩主编:《延安艺术家》,西安:陕西人民教育出版社,1992年,第282页。

刚到延安的留法文学博士陈学昭坦承：

> 延安的街上，没有高跟皮鞋，没有花花绿绿的绸衣服，女子同男子一样，穿蓝布军装，有的还打起绑腿。……延安的街，我实在喜欢它……我想我所喜欢于延安街上的，是民主与自由的空气吧。在延安的街上，你尽讲，尽笑，从国家大事，以及你私人的感情事情，你尽讲，大声地讲，是可以的，没有人在你旁边、背后偷听，没有人盯你梢，你放心，不用怕，也不用东张张，西望望。延安的街上，还有一个特色，就是，没有一个乞丐。①

但延安却有着一种独特的气质。曾经是黄埔军校四期学员、担任国民党少校团长，后来随国民党第十一战区副司令长官新八军军长高树勋将军一道起义的聂志超，在延安呆了两个月，很有感触，用"艰苦的作风蓬勃的新气象"表达他参观延安后的体会：

> 就陕甘宁边区及延市的一般人看来，不论公务人员、学生与军民人等，决不像大后方一般人士的愁眉锁眼，叫苦连天，闹着经济困难，也不像另一部分人贪污腐化，狂嫖乱赌，日趋没落的现象，而都是欢天喜地，刻苦朴素，为着和平民主，为着建设边区，为着解放全国的人民，为着将来人类的幸福，有组织、有计划，实事求是的紧张的工作着；同时延市及边区更见不到盗匪、乞丐，这一种安定丰衣足食的社会，刻苦蓬勃欣欣向荣的现象，正是中华民国走向新的道路新的社会的一种新生气象。②

1937年就来到延安，在延安度过了八年岁月的王仲方认为：

---

① 陈学昭：《延安访问记》，北京：中国国际广播出版社，2013年，第104、116页。
② 聂志超：《延安参观后的我见》，《解放日报》1946年6月1日，第4版。

延安是母亲，她用小米和延河水把我们哺养。

延安是熔炉，她用思想的火焰把我们锻炼成钢。

延安是灯塔，她的光芒指引我们走向胜利和解放。

延安是圣地，是我们永远崇拜永远向往的地方。①

曾作为美军驻延安军事观察组组长的包瑞德庆幸地表示：

我有一套自我说明式的关于延安服役的档案，即共产党摄影师摄制的与迪克西使团有关之人和事的漂亮的相片。记忆可能出现错误，日记可能漏掉要点，但是一般来说，相片是不会隐瞒真情的。②

是的，照片是客观的，也是真实的。本书借助一幅幅延安时期真实的历史画面和图像记录，阐释一段段历史记忆和情景故事，从一个个侧面展示延安时期的时代风貌、社会风尚，以及从中所体现的令人神往的精神状态。下面，就让我们从容地翻开延安的历史画卷吧。

---

① 王仲方：《延安风情画——一个"三八式"老人的情思》，北京：中国青年出版社，2010年1月版，第6页。
② [美] D. 包瑞德著，万高潮、卫大匡等译：《美军观察组在延安》，北京：解放军出版社，1984年，第7、8页。

红色文化·延安记忆 延安风尚

目录

- 001 | 奔向延安
- 012 | 抗大，抗大
- 022 | 大鲁艺
- 030 | 歌声中的延安
- 037 | 《黄河大合唱》
- 046 | 《游击队歌》
- 053 | 《延安颂》
- 058 | 延安晚会
- 063 | 看电影
- 072 | 延安交谊舞
- 079 | 文化俱乐部
- 085 | 延安的体育活动
- 092 | 南泥湾开荒
- 104 | 峥嵘岁月
- 109 | 干群一家
- 116 | 延安劳模
- 124 | 深入群众　不尚空谈
- 128 | 张闻天《出发归来记》
- 134 | 文化扫盲
- 142 | 理论学习

- 151 | 马列主义的最高学府——延安马列学院
- 157 | 延安电波
- 165 | 延安中山图书馆
- 171 | 毛泽东的演讲范儿
- 179 | 投豆豆——延安选举
- 185 | 生活检讨会
- 193 | 改造二流子
- 199 | 新秧歌运动
- 206 | 文艺家下乡
- 212 | 双拥运动
- 219 | 精兵简政
- 224 | 日本八路的摇篮：延安日本工农学校
- 233 | 中外记者团在延安
- 245 | 美军观察组在延安
- 256 | 第三只眼看延安（代后记）
- 258 | 参考文献

奔向延安

瑞士人瓦尔特·博斯哈德于1938年春到达延安，是第一个访问延安并见到毛泽东的欧洲记者。后来他在回忆来延安的旅途时，感慨地写道：沿途的乡村越来越破败。田里的庄稼稀稀拉拉，偶尔有羊群在小河边吃草。然而我们越接近红色首都，就越能看到大量年轻中国人的身影，个个背着简单的行李徒步走到这里，希望能加入梦寐以求的八路军。这条路就是一条朝圣之路，延安就是下一代心目中的麦加圣城。这一代人被战火从学校里赶出来，背井离乡，期望在延安找到新的信仰归宿。

抗战爆发后，成千上万的爱国青年和海外华侨，不畏艰险，千里迢迢奔赴延安。下页照片中所体现的是非常典型的场景：众多的有志青年、知识分子义无反顾、克服各种困难奔向延安。著名科学家高士其在日记中写道：

　　打断骨头还有筋，扒了皮肉

1938年8月，毛泽东与博斯哈德在延安凤凰山麓合影

还有心。

只要还剩一口气，爬也爬到延安城。

女作家丁玲于1936年11月率先到达陕北。诗人艾青、小说家罗烽、画家张仃等人结伴从重庆出发化装来到延安。他们借到了一张国民党高级参谋的证件，便将"一人"改为"三人"。路过宝鸡时，遇到了也要去延安的诗人严辰、作家逯斐夫妇，便结伴而行。艾青装扮成国民党的高级参谋，严辰扮作他的秘书，逯斐扮成高参太太，罗烽扮勤务兵，张仃扮随员，就大摇大摆地上路了，沿途闯过四十七道检查哨卡，终于到了延安。①一进入延安地界，艾青用诗一样的语言讲："我这个'流浪儿子'，终于回到了'娘'的怀抱！"张仃高兴地在地上打滚，亲吻着陕北的黄土地。

油画家王式廓与吴咸结婚后，不顾家人劝阻，于1938年8月从武汉一起出发奔赴延安，先坐火车到西安，八路军驻西安办事处把他们编入一个十来人的队伍，组织大家步行前往。途中到了洛川，王式廓不幸得了疟疾，同行的人帮忙把他们的行李带着先走，吴咸扶着王式廓硬是整整走了12天，才到达延安。

女作家丁玲

---

① 艾克恩：《延安文艺运动纪盛》，北京：文化艺术出版社，1987年，第239页。

上海音专的向隅放弃了公费去比利时留学的机会，来到延安并担任鲁艺音乐系教师。后来还让同样从事音乐教育的妻子唐荣枚也来鲁艺任教。

著名文化旗手茅盾到延安，是做好了长期留居的准备，因此来的时候，就把儿子、女儿一起带来了。

爱国青年奔赴延安

来延安的还有新加坡著名实业家、侨领胡文虎的女儿，有张学良的弟弟张学思，有杨虎城的儿子杨拯民……还有全家一起到延安来的，如汪道涵的父亲汪雨相老夫妇，带着六个儿子一个女儿，加上儿媳、女婿二十多人。到延安来的人，成分不同，动机也不同。有的人是怀着好奇来看看共产党是什么样子，有的是不满国民党的统治弃暗投明的，有的是旧社会走投无路来找出路的，有的是不满包办婚姻逃离家庭的。来延安的人的动机和出发点多种多样，甚至是奇怪的，但绝大多数来延安的是青年学生，他们是主流，是怀着热情和理想真心奔向共产党干革命的。①那时候，涌现了许多同学相约、

---

① 王仲方：《延安风情画——一个"三八式"老人的情思》，北京：中国青年出版社，2010年，第3页。

任锐（左）与女儿孙维世（中）、六妹任均的合影

姐妹相约、夫妇相约、母女相约同奔延安的感人情景。如烈士孙炳文的女儿孙维世和母亲任锐先后到达延安，并同队学习；南京私立东方中学的女学生、后来成为陈赓将军夫人的傅慧英（后改名傅涯）携弟弟、妹妹辗转千余里而来抗大。[1]后来成为女作家的留日学生颜一烟，在早稻田大学读书，抗日战争爆发后毅然离开日本，放弃了只差半年就可以拿到手的大学文学学士学位，回国参加抗战，并辗转来到延安。[2]

有许多人还在路途中突破了国民党设置的重重关卡。中共中央曾严正指责过国民党的反动行径："近在西安附近有集中营之设，将西北中原各省之

---

[1] 丁雪松口述，杨德华整理：《中国第一位女大使丁雪松回忆录》，南京：江苏人民出版社，2000年，第262页。

[2] 丁雪松口述，杨德华整理：《中国第一位女大使丁雪松回忆录》，南京：江苏人民出版社，2000年，第263页。

进步青年七百余人拘系一处，施以精神与肉体的奴役，形同囚犯，惨不忍闻，青年何辜，遭此荼毒！"后来分别成为企业家和延安第一位播音员的路岩、肖岩姐妹俩就遭到国民党的拦截而失去人身自由。经过若干天的斗智斗勇，终于和党取得了联系，逃出了虎口。①

据不完全统计，仅1938年5月至8月，经八路军驻西安办事处介绍赴延安的知识青年就有2288人。1943年底，时任中央秘书长的任弼时在中央书记处会议上介绍，抗战以来，来延安的知识分子已有4万人。一时间，延安成了"年轻人的圣城"（曾担任鲁艺文学系主任何其芳之语）。

时任抗大副校长的罗瑞卿介绍了1938年参加抗大第四期学习的学员情况：

1938年5月至8月，八路军驻西安办事处输送青年统计

将近五千个第四期的学生，正在这儿进行着战斗的学习。这是学校空前大规模的一期。其中的几大部分都是来自全国各地，他们中间的籍贯包括了中国二十七个省份，除青海与西藏外，任何一省，

一九三八年五至八月 经西安办事处输送青年统计

武汉办事处	880
西安办事处	801
兰州办事处	30
湖南通讯处	120
广东通讯处	78
东北救亡总会西安分会	50
新四军驻赣办事处	37
陕公同学会西安分会	35
民先总队部	107
第一游击纵队	150

---

① 丁雪松口述，杨德华整理：《中国第一位女大使丁雪松回忆录》，南京：江苏人民出版社，2000年，第264页。

都有学生在这儿学习。他们中间的成分,亦包括了中国现有的一切阶层,有工人农民的子弟,也有地主资本家的儿女。他们当中的职业也是无所不包、无所不有的,他们中间有文学家、音乐家、美术家、戏剧家、电影明星、歌舞明星、新闻记者、律师、医生、军官、教员、公务人员……自然,极大部分还是更纯洁的学生青年,他们中间有过去曾经是过着"公子""哥儿""小姐""太太"的生活的。他们中间有国民党员,有共产党员,也有其他抗日党派的分子。他们其中有许多是推开了自己温暖的家庭,抛弃了自己优美的生活,他们经过千山万水的跋涉,很辛苦地到达了这个很偏僻的延安来。这儿的生活很艰苦,但他们却感觉到无限的兴奋与愉

毛泽东给军队科技干部做报告

快。他们在这儿很快乐地学习,战斗地学习。他们之间只看见无限的亲切与团结,却找不出丝毫的虚伪、欺骗与奸诈。这一幅抗大第四期的图画,正象征着中华民族抗日民族统一战线,这个抗日救国唯一正确的政策将要更进一步的巩固与团结的缩影。①

到底是什么神奇的力量,吸引着这么多青年知识分子以及广大的爱国志士纷纷奔赴延安?

当然是中国共产党所高举的抗日民族统一战线和抗战救国的大旗,成为引领并汇聚中华民族优秀儿女的时代风向标。在面对中华民族遭遇外敌入侵的危难关头,中国共产党第一时间向全国各党派和全国民众发出了积极抗战的号召,提出了《抗日救国十大纲领》,动员全中国人民结成广泛的爱国统一战线,主张民族大义为先,团结一致,共抗倭寇。因此,海内外众多的有志青年纷纷云集延安,投身于民族革命的滚滚洪流。曾在鲁艺学习的泰国华侨青年王流秋回忆:

那时的青年人,不但有美好的社会理想,而且有艰苦奋斗的实干精神,把人生的意义同国家的兴衰荣辱联系在一起,乐意为祖国的事业牺牲个人利益。我正是受了这种时代精神的感召才回国并奔赴延安的。②

而满怀爱国热情的青年在国统区那里找不到报国路径,便转而舍近求远,不顾长途跋涉,甚至冲破重重阻挠奔赴延安,也不能不说是另外一个因素。一位青年这样说:

(卢沟桥事变时)我在上海,立刻我就去南京报名参军。但是在南京,

---

① 罗瑞卿:《"抗大"的过去与现在》,《解放》第48期。
② 王流秋:《从"小鲁艺"到"大鲁艺"》,孙新元、尚德周编:《延安岁月》,西安:陕西人民美术出版社,1985年,第41页。

李强（右）、沈鸿（中）、沈保全在延安

什么也没有——只有老官吏、老官僚。屡屡总是叫我们在一个办事处里等一等，于是，明天再来。很多人就这样走掉了……我们中间的许多人，都觉得顶好只有向第八路军学习。延安的领袖们有伟大的政治经验，而且特别精于游击战术和民众运动。我们到西北来学习这些东西。①

而中国共产党为建立和扩大抗日民族统一战线，调动广大知识分子的抗战积极性，制定了一系列吸收、培养和使用知识分子的政策主张，在生活、学习、工作等方面热诚关怀这些知识分子，为他们提供了良好的条件，这种政策导向也形成了能够集聚愈来愈多的知识分子来到延安这个中国革命大本营的正效应。

党中央到达陕北后，为了把陕甘宁边区建设成为模范的抗日民主根据地和革命总后方，必须团结、吸收、培养更多的知识分子参加边区的建设。为此，党中央先后制定和提出了《关于青年工作的决定》《关于吸收知识分子的决定》《关于发展文化运动的指示》《关于各抗日根据地文化人与文化团体的指示》等政策主张，并专门规定了《文化技术干部

---

① [英]贝特兰：《华北前线》，北京：新华出版社，1984年，第93、94页。

待遇条例》，大幅度改善和提高知识分子生活待遇。1941年5月1日发布的《陕甘宁边区施政纲领》中规定："奖励自由研究，尊重知识分子，提倡科学知识与文艺运动，欢迎科学艺术人才"，并"欢迎海外华侨来边区求学，参加抗日工作或兴办实业。"毛泽东也号召全党：要争取广大的知识分子，只要他们是革命的，愿意参加抗日的，一概采取欢迎态度。我们尊重知识分子是应该的，没有革命知识分子，革命就不会胜利。

1938年2月，时年32岁的上海技师兼企业家沈鸿与七名技术工人携带10部机床奔赴延安，从而使延安有了第一家兵工厂。接着，边区恢复和创办了石油厂、纺织厂、造纸厂、农具厂、皮革厂、化学厂、制药厂等。1944年5月，毛泽东为工业战线做出重要贡献的李强、沈鸿、钱志道分别题词："坚持到底""无限忠诚""热心创造"。

为了更好地培养青年人才并促进各类知识分子成长，中共中央和陕甘宁边区政府在延安先后创办了40多所各种类型的干部学校、中等专业学校和短训班。如中共中央党校、中国人民抗日军政大学、马列学院、鲁迅艺术文学院、陕北公学、中国医科大学、中国女子大学、自然科学院、延安大学、行政学院、军事学院、民族学院、安吴堡青年训练班、泽东青年干部学校、职工学校、边区医药学校、农业学校、纺织学校、通信学校、俄语学校等。对于有各种技术专长的知识分子，党政军各机关、各群众团体、工厂学校等单位积极吸收他们参加各项工作；各级党组织也大量地发展吸收知识分子入党，同时也主动与知识分子交流谈心，虚心听取意见。

中共中央和党的领导人也认真听取知识分子的意见和建议。1942年3月23日，毛泽东在王家坪高级技术干部会上就坦率地指出：你们的会开的很好，提出的问题也很具体、切实，这是很好的。延安的确有很多看不惯的现象，恐怕还不止你们提出的那样多……如对技术建设的不重视、不统一、不合理的现象，必须纠正。

广大知识分子也以乐观浪漫的态度看待延安艰苦的生活，据曾在延安马列学院学习的吕剑人回忆：

那时，我们吃的几乎全是小米。陕北广产小米而且质好味香，组织为了照顾学员，每周可吃到一次馒头，菜以马铃薯为主，有时也有白菜，煮一大锅，倒点熟油，油呼呼的，吃起来满觉可口。……虽然当时条件艰苦，但同志们心情愉快。因为大家心里只装着一个愿望——争取抗战胜利，解放全中国。所以一个心眼是学习革命理论，学习作战本领，学好后到前线去，到最需要自己的地方去。因此，没有人对生活不满意，大家非常理解当时的条件，都觉得小米饭香，土窑洞暖。①

在延安的知识分子经过学习和培训之后，纷纷

延安光华农场技术人员给农民讲授科学种田

---

① 吕剑人：《延安是马列主义的大学校》，西安市政协文史资料委员会编：《忆延安》（西安文史资料第17辑），西安：陕西人民出版社，第15页。

奔赴抗战前线或敌人大后方，也有许多留在延安从事各类技术工作，并做出了独特的贡献。农业科学家云集的光华农场试验并推广了优良农作物品种，如马齿玉米、白杆黄硬糜、陕南狼尾巴谷、四川黄皮洋芋、美国的白皮洋芋、西班牙的红皮花生等粮食、蔬菜，仅南方移来边区的就达10多种。

许多爱国侨胞也加入了奔赴延安的时代大潮。抗战前后来延安学习、工作的华侨青年即有600人左右。据延安华侨救国联合会不完全统计，截止至1942年6月，当时留在延安中央机关、学校和陕甘宁边区政府工作的归国华侨有220人，在延安之外的各县区工作的另有60人，共计280人。[①]

[①] 彭光涵：《华侨青年与延安》，《峥嵘岁月——华侨青年回国参加抗战纪实》，北京：中国文史出版社，1988年，第163、164页。

抗大，抗大

1946年3月，时任美国总统杜鲁门特使的马歇尔来到延安[①]，在参观了王家坪军委作战室之后，觉得不可思议：共产党领导着100多万军队，延安山沟里的统帅部却只有这么点儿大！毛泽东对马歇尔说：我这个统帅部，只发布作战命令，其他什么也不发；要衣服没有，要粮食也没有，要钱也没有，要枪要炮也没有。[②]

使毛泽东如此自信的是一批又一批的各级军政干部。而这些军政干部的成长地，大多离不开延安时期的一所著名学校，那就是——抗大。

中国人民抗日军事政治大学（简称"抗大"）是中国共产党在延安时期创办的一所专门培养抗日军事政治干部的学校。抗日战争时期，它是中国共产党领导下的人民军队的最高军事学府。

抗大前身是江西苏区的工农红军学校。中央红军开始长征时，工农红军学校和中央红军所属其他红军学校被编为干部团，随中央纵队一起长征。中央红军长征到达陕北后，中央红军干部团的一部分教职员与陕甘宁红军军政学校教职员合并，于1936年1月在陕北瓦窑堡成立了"西北抗日红军大学"。红军东征回师陕北后，1936年6月1日，以西北红军大学为基础，在瓦窑堡米粮山阎家大院成立了"中国人民抗日红军大学"（简称"红大"）。7月初，红大迁至保安。

---

① 1946年1月10日，中共代表同国民党政府代表正式签订停战协定。同日，双方下达于1月13日午夜生效的停战令。根据停战协定，在北平设立由国民党、共产党和美国三方各一名代表所组成的军事调处执行部，负责监督执行停战协定。为了执行停战协议，从1946年2月28日至3月6日，军事三人小组历时七天，视察了华北、华中十几个城市。3月4日，军事三人小组飞抵延安，毛泽东、朱德、刘少奇、林伯渠等和延安各界群众六千人到机场欢迎。

② 杨尚昆：《杨尚昆回忆录》，北京：中央文献出版社，2001年，第227页。

1937年1月13日,中共中央进驻延安。1月19日,中央军委决定将"中国人民抗日红军大学"更名为"中国人民抗日军事政治大学"(简称"抗日军政大学"或"抗大"),校址在延安城内二道街。毛泽东任抗大教育委员会主席,刘伯承任副校长,罗瑞卿任教育长。后来因为处在战争环境下,抗大总校领导机构也多有变动。何长工、滕代远、徐向前、彭绍辉等先后担任抗大副校长等职务。

抗大学员主要由三个部分组成:一部分是经过土地革命战争和长征考验的红军老干部、老战士;一部分是八路军、新四军和各抗日根据地的干部或战士,他们经过抗大的培养后,又回到各部队、各地区带兵打仗,或发动群众进行抗日斗争,开辟和建设抗日根据地,成为抗日战争中一支坚强的骨干力量;还有一部分是来自全国各地的知识青年和来

毛泽东在延安宴请马歇尔

自海外的爱国华侨青年,他们在抗日救亡运动高潮的推动下,来到延安和各个抗日根据地,经过抗大的培养锻炼,又被播撒到全国各地,成为抗日战争中各条战线上的一支生力军。在国难深重、民族危亡的艰难岁月里,抗大师生担负着抗日救国的历史使命。

抗大办学条件十分艰苦。美国记者斯诺曾在《西行漫记》中感叹:

> 以窑洞为教室,石头砖块为桌椅,石灰泥土糊的墙为黑板,校舍完全不怕轰炸的这种"高等学府",全世界恐怕就只有这么一家。①

中国人民抗日军政大学

---

① [美]埃德加·斯诺著,董乐山译:《西行漫记》,北京:作家出版社,2012年,第72页。

抗日军政大学校门

毛泽东亲自为抗大制定了"坚定正确的政治方向,艰苦奋斗的工作作风,灵活机动的战略战术"的教育方针和"团结、紧张、严肃、活泼"的校训。抗大每期学习时间为四个月至八个月。在军事队里,军事技术、战术训练和军事操课的时间占全部学习时间的三分之二,政治课占三分之一;在政治队里,政治课占三分之二,军事课占三分之一。课程有社会科学、政治经济学、中国问题、哲学、战略、战术、炮兵、测绘、地形、筑城、射击、救护、群众工作等。毛泽东十分重视抗大的教学工作,强调要编游击战、战略、战术、政治工作等课程教材,并亲自负责游击战争的教材和部分战略教材的编写。他的一些重要著作,如《中国革命战争的战略问题》《矛盾论》《实践论》《论持久战》等，还被列为抗大的必读教材。

毛泽东经常到抗大出席开学典礼、结业典礼，还亲自授课或做报告。1938年3月20日，毛泽东在抗大第三期第三大队讲话，他说：你们到抗大学习，有三个阶段，要上三课：从西安到延安八百里，这是第一课；在学校里住窑洞、吃小米、出操上课，这是第二课；现在第二课上完了，但是最重要的还是第三课，这便是到斗争中去学习。（例如）贺龙，他没有进过文学校，也没有进过武学校，他用一把菜刀搞了个二方面军。那么你们现在学了三个月，更要去当排长、连长与教师。战略战术这里学一点，更要到战场上去学习。①

1938年，毛泽东给抗大学员做报告

1938年4月9日，在抗大第四期第三大队的开学典礼上，毛泽东做了《在抗大应当学习什么》的演讲，他指出：

你们在这里应当学到以下的几样东西：

第一，首先是学一个政治方向。政治方向可以有许多不同的方向，你们要学一个正确的政治方向，这就是要打日本、怎样打日本、为

---

① 中国人民解放军国防大学：《中国人民抗日军事政治大学史》，北京：中国人民解放军国防大学出版社，2000年，第44、45页。

什么日本帝国主义一定能打倒的正确的政治方向。其次，要学一个达到及完成这种政治方向的工作作风——艰苦奋斗的工作作风。必得有这种作风才能达到及完成以上的政治方向。再次，要学点战略战术。抗大是军事学校，要学做一个军人，学点军事本领。……总之，你们在这里要学到坚定正确的政治方向，艰苦奋斗的工作作风，加上灵活的战略战术。有了这三样东西，我们便能够最后战胜敌人。

第二，你们在这里要学做干部。单是干部不能战胜敌人，没有干部也不能打败敌人。……你们要把握紧正确的政治方向，经过你们传播这政治方向于广大的人民，教育他们，组织他们。因为事实上不可能使全国人民都到这里来学习，却可以靠你们将来在工作中间把这个政治方向告诉全国的人民，使他们都明了中国怎样而且一定能够打败敌人，使这个政治方向成为全国人民的政治方向。同时你们也要传播艰苦奋斗的工作作风，使广大民众都能坚定地不动摇地与任何困难奋斗。……

第三，你们还要下一种决心。你们从很远的地方辛辛苦苦地来延安学习，我看是已经有了决心的。什么决心呢？延安没有升官发财的机会，你们来此一不为升官，二不为发财，那末远道来此，究竟为什么呢？无疑的是为了抗日救国，所以你们是有抗日救国的决心的。……抗日战争的征途上困难还很多，你们要下一个更大的决心——不怕任何艰苦向前迈进的决心！[①]

1939年6月1日是抗大成立三周年纪念日。5月26日，毛泽东发表《抗大三周年纪念》一文，指出：

抗大为什么全国闻名、全世界闻名，就是因为它比较其他的军事学校最革命最进步，最能为民族解放与社会解放而斗争，到延安参观的人们，

[①] 毛泽东：《在抗大应当学习什么》（1938年4月9日），中共中央文献研究室编：《毛泽东文集》第2卷，北京：人民出版社，1993年，第116、117、118、119页。

抗大师生参加延安军民集会

所以十分注意去看抗大,我想不外这个道理。……

抗大三年来,有其贡献于国家、民族、社会的大成绩,这就是它教成了几万个年轻有为与进步革命的学生。抗大今后必能继续有所贡献于国家、民族与社会,因为它还要造就大批年轻有为与进步革命的学生。昔日之黄埔,今日之抗大,是先后辉映,彼此竞美的。①

毛泽东等中央领导人有时也参加抗大举办的活动,与大家互动交流。据当时的同志回忆:有一次开晚会时,一位伙夫同志在后面看见了毛主席,就走到面前笑嘻嘻地牵牵手,坐下谈天了。还有学员常遇到朱德总司令和干部或战士打篮球,他穿军衣,裹绑腿,跑得慢,有时被别人撞倒,他爬起来,把土一拍,又去打球了。②

抗大学员队普遍成立"救亡室",下设墙报委员、经济委员、文化娱乐委员、体育委员及竞赛委员等。各队几乎每半月举办一次晚会,先后演出过《血祭上海》《台儿庄大胜利》《樱花曲》等话剧、歌剧,

---

① 毛泽东:《抗大三周年纪念》(1939年5月26日),中共中央文献研究室编:《毛泽东文集》第2卷,北京:人民出版社,1993年,第187页。

② 董实丰:《回忆延安抗日军事政治大学》,西安市政协文史资料委员会编:《忆延安》(西安文史资料第17辑),西安:陕西人民出版社,1991年,第110页。

抗大毕业学员奔赴抗日前线

编唱歌曲《保卫边区》《保卫西北》《抗战突击队员》等。除此之外，抗大还开展生产运动、植树运动、日语学习等。

抗大培养了千千万万个抗日骨干。百团大战期间，由抗大学员500多人组成的阻击部队，圆满完成了阻击日伪军的任务。面对抗大不断培养出来的抗日军政干部，侵华日军恨之入骨，扬言要"消灭抗大""消灭共产主义大学"。侵华日酋冈村宁次曾声言："消灭了抗大，就是消灭边区的一半""宁肯牺牲十个日本兵换一个抗大学员，牺牲五十个日本兵换一个抗大干部"。①

---

① 中国人民解放军国防大学：《中国人民抗日军事政治大学史》，中国人民解放军国防大学出版社，2000年，第124页。

1937年4月28日,红军大学第一期第一科留延同学合影。

当时学校领导分配工作的口号是:哪里战争最激烈、最艰苦到哪里去,哪里有群众到哪里去,哪里最需要发动群众、组织群众到哪里去。大家在这些口号的鼓舞下,都争先恐后选择到前线、到敌人后方开辟和建设根据地的工作。①

抗日战争进入相持阶段后,中共中央改变抗日军政大学建制,深入敌后办学,并先后在西北、华北、华中等地成立了十四所抗大分校、五所陆军中学(抗大总校和第一、第二、第七分校及抗大总校太岳大队创办的陆军中学)和一所附设中学(抗大第二分校创办的附设中学)。其中,八路军创办的七所分校是:晋东南抗大第一分校、晋察冀抗大第二分校、

---

① 戴朋:《重温延安学习的"三门主课"》,刘昌亮主编:《魂牵梦绕忆延安》,北京:中共党史出版社,1994年,第72页。

延安抗大第三分校、太行八路军第一二九师抗大第六分校、八路军第一二〇师兼晋西北军区抗大第七分校、太岳分校和太行分校。新四军创办的七所分校是：新四军第四师抗大第四分校、抗大第五分校、抗大华中总分校、皖东第二师抗大第八分校、苏中第一师抗大第九分校、鄂豫边第五师抗大第十分校、新四军第七师抗大皖江第十分校。

抗战胜利后，抗大也随之完成了它的历史使命。1945年10月，抗大奉中央军委命令，在何长工副校长的率领下，离开陕北，向东北挺进。进入东北后，改名为"东北军政大学"，直到后来的"国防大学"。

抗大最主要的历史功绩，就是培养造就了一大批德才兼备的军政干部。抗大办校十年间，培养出来的干部达10多万人，他们成为抗日战场上的指挥员和战斗骨干，其中许多人还成为党和军队的高级干部。据统计：1955年被授予军衔的元帅和将军中，有5名元帅、8名大将、26名上将、47名中将、129名少将，都是曾经在抗大工作、学习过的干部或学员。他们为我党、我军的发展壮大，为夺取抗日战争和全国解放战争的胜利，也为新中国成立后的社会主义革命和建设事业的发展，做出了重要的贡献。

大鲁艺

提起延安鲁艺，那可是响当当的名字。文艺理论家周扬、音乐家冼星海、漫画家华君武等著名文艺名家都是鲁艺的教师。最早演出《白毛女》的歌唱家王昆，新中国成立后曾任文化部部长、创作出脍炙人口的《回延安》的贺敬之，则是鲁艺培养起来的学生。鲁艺1938年4月创办于延安，全名是"鲁迅艺术学院"，1939年5月11日改称"鲁迅艺术文学院"，是延安时期中国共产党专门培养艺术人才的高等学校。

鲁艺校址最初是借用原鲁迅师范学校的几间校舍，后来搬到延安城北门外原延安保育院。1939年8月，校址迁至桥儿沟。校舍是利用原西班牙神甫在桥儿沟修建的一座教堂和周围的一些窑洞。这座教堂现在还完好地保存着，现在的教堂就是当年鲁艺的礼堂。

1940年4月10日，在鲁艺成立两周年纪念大会上，毛泽东题了"鲁迅艺术文学院"的校名，并题写了"紧张、严肃、刻苦、虚心"的校训。[①]鲁艺设有文学系、音乐系、美术系和戏剧系，另外还通过举办文学沙龙、鲁艺乐队、美术工场、戏剧工场等进行各种艺术创作、实习和演出活动。为了活跃机关干部和人民群众的业余文化生活，有一段时期，延安每逢周末都要举办舞会，鲁艺举办的周末舞会，因为有专业的乐队演奏人员，年轻人又比较集中，吸引了包括鲁艺师生在内的许多单位的人员，毛泽东、周恩来等领导人也偶尔光顾。著名医学专家马海德，就是在鲁艺的舞会上结识了当时还是鲁艺学员的苏菲，并展开了热烈的追求，最后结成令人羡慕的一对伉俪。

---

① 中共中央文献研究室：《毛泽东年谱》（中卷），北京：中央文献出版社，2013年，第186页。

1938年4月10日,鲁艺第一期在延安城内桥儿沟基督教堂举行开学典礼。

办学过程中,鲁艺逐步按照专业化、专门化的方针制定教学计划,虽说取得了不小的成绩,但随着新教学计划的推行,鲁艺的办学却产生了相当严重的脱离实际、脱离群众、关门提高的偏向。戏剧系排戏、演戏一味追求大戏、洋戏,如《雷雨》《日出》《钦差大臣》《结婚》《带枪的人》等,由于鲁艺戏剧系在延安的地位和导向举足轻重,延安的其他文艺团体也因此只关注大戏和洋戏。讲写作,就是契诃夫和莫泊桑的小说。周立波的"名著选读"课听众踊跃,讲了《安娜·卡列尼娜》以后,"安娜成了女孩子们的偶像,有些女同学就学她穿黑色的衣服",竟成了一时的风尚。

鲁艺文学系教员严文井回忆:

那时候,我在延安鲁迅艺术学院文学系工作。所在地点,叫"桥儿沟"。桥没看见,山沟却是实在的。那是陕北一个普普通通的农村,学校四周住的都是农民,而我们却不同农民往来。除了有时候要向他们买西红柿和甜瓜,才同他们当中的一两个人说说话。我的朋友是何其芳、周立波、陈荒煤。何其芳的朋友是我、周立波、陈荒煤。周立波的朋友又是何其芳、陈荒煤和我。这是什么意思?这是说除了我们几个搞文学的知识分子在很小的一个圈子里面彼此来往来往以外,我们没有另外的朋友。没有农民的朋友。①

鲁艺文学系教员周立波在讲课

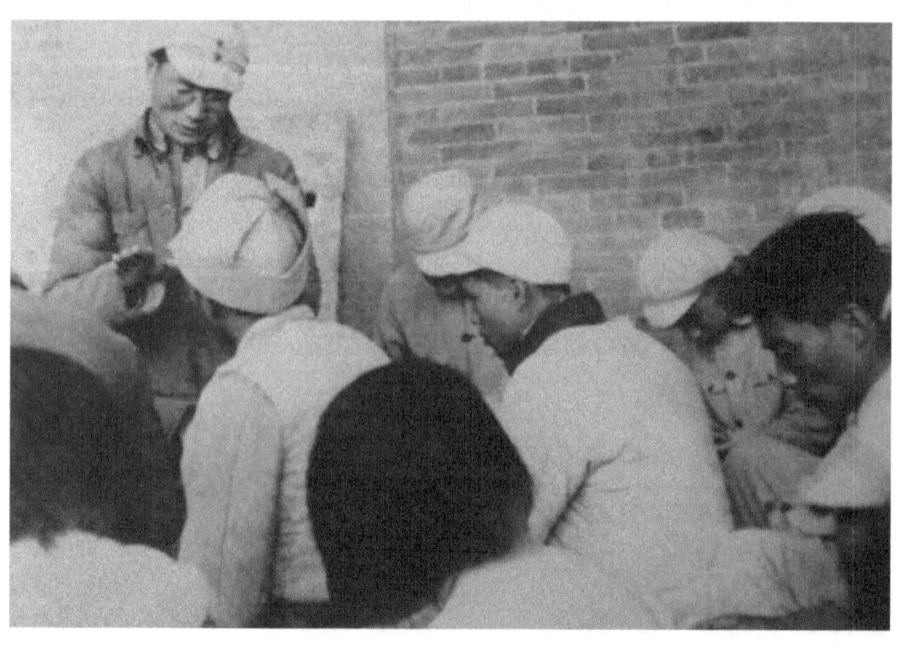

① 严文井:《延安文艺座谈会前后》,戴淑娟编:《文艺启示录》,北京:中国戏剧出版社,1992年,第97、98页。

1942年5月,为了解决延安文艺界存在的问题,明确文艺工作发展的方向,中共中央在延安召开了文艺工作座谈会,鲁艺的许多教师都参加了会议。毛泽东在延安文艺座谈会上的讲话中指出:

> 今天邀集大家来开座谈会,目的是要和大家交换意见,研究文艺工作和一般革命工作的关系,求得革命文艺的正确发展,求得革命文艺对其他革命工作的更好的协助,借以打倒我们民族的敌人,完成民族解放的任务。
> ……我相信,同志们在整风过程中间,在今后长期的学习和工作中间,一定能够改造自己和自己作品的面貌,一定能够创造出许多为人民大众所热烈欢迎的优秀的作品,一定能够把革命根据地的文艺运动和全中国的文艺运动推进到一个光辉的新阶段。①

1942年5月30日,延安文艺座谈会召开一周后,雨过放晴,桥儿沟柳丝吐绿,显得空气更加清新。应鲁艺副院长周扬的邀请,毛泽东身穿一套半旧的军装和一双布鞋,还卷着裤脚管,来到鲁艺向即将毕业的鲁艺学员做报告。他结合鲁艺办学中片面重视提高而忽视对群众普及的情况,指出:提高要以普及为基础,不要瞧不起普及的东西,大树也是从像豆芽菜一样小的树苗长起来的。那些瞧不起普及的人,他们在豆芽菜面前熟视无睹,结果把豆芽菜随便踩掉了。

显然,毛泽东以大树的成长为例,把像豆芽菜一样的树苗比作普及的东西,强调要重视普及,否则大树是长不起来的,也就是说,没有普及,就谈不上提高。毛泽东接着说:你们快毕业了,将要离开鲁艺了。你们现在学习的地方是小鲁艺,还有一个大鲁艺,还要到大鲁艺去学习。大鲁艺就是工农兵群众的生活和斗争,广大的劳动人民就是大鲁艺的老师。毛泽东继续说:你们从小鲁艺到大鲁艺去,不要瞧不起本地干部,不要以为自己是洋包子,

---

① 毛泽东:《在延安文艺座谈会上的讲话》,《毛泽东选集》第3卷,北京:人民出版社,1991年,第847、877页。

1939年8月,鲁艺校址由延安城北门外迁至城东桥儿沟

瞧不起土包子。知识分子不要摆知识架子。他还以柳宗元《黔之驴》的故事为例,生动地阐述了只有置身于广大的劳动人民中间,置身于火热的现实生活中间,才能积聚起无穷的力量,才不会"黔驴技穷"。在讲这个故事的时候,毛泽东一边说,一边夸张地做起了动作,把大家都逗笑了,毛泽东自己也笑了。①

在毛泽东的倡导下,鲁艺师生主动深入陕甘宁边区,深入晋察冀抗战前线,从生产生活第一线获得营养,从老百姓中吸取智慧,创作出反映"旧社会把人变成鬼,新社会把鬼变成人"这一崭新主题的著名歌剧《白毛女》,在边区上演后引起了巨大的反响。

1943年12月,鲁艺组成一个有四十二位各类专业人员参加的"鲁艺工作团",由戏剧系主任张庚领

---

① 李槐之:《"讲话"前后的鲁艺美术活动》,孙新元、尚德周编:《延安岁月》.西安:陕西人民美术出版社,1985年,第273页。

队前往绥德专区进行宣传工作和文艺活动，历时四个多月。在此期间，他们进行了多次演出和社会调查，收集了大量民间剪纸、歌曲和剧本，创作了许多新作品。特别是采取当地素材集体创作的小歌剧《惯匪周子山》，受到群众的欢迎。反映现实生活的新年画、新窗花也在美术创作上出现了。①

鲁艺学员于蓝回忆自己在绥德下乡的情况：

> 我就像刚入伍的八路军新战士一样，学习着怎样给群众打扫房屋和场院；给老乡担水；用陕北方言和她（他）们拉着家常……。几个人挤在老乡的一铺热炕上，没有人吵着太热或

歌剧《白毛女》剧照

---

① 钟敬之：《延安鲁艺——我党创办的一所艺术学院》，北京：文物出版社，1981年，第42页。

太挤睡不着觉了，也没有人不顾实际条件地讲究卫生了。这样，我们就像吸铁石一样，每到一处，都有些老太太、小媳妇、大姑娘或者老大爷和男子汉把我们围得紧紧的，那种融洽的关系有如暖流一样温热着我们的心。①

鲁艺在组织面向群众的宣传工作中，提出了不但要让老百姓懂得所宣传的内容，而且还要他们爱看的要求。为此他们发动全院的同志共同想办法。"搞文学的，搞音乐的，搞美术的，统统都来出谋献策。最后拿出一套节目来，有花鼓，有小车，有旱船，有挑花篮，还有大秧歌，主要的形式是民间的东西。"②

最能代表延安时期艺术家深入群众、深入生活并创造出群众喜爱的艺术作品的，无疑是由鲁艺率先推出的新秧歌剧，并且形成了各机关单位以及广大群众积极参与的新秧歌运动。秧歌是流传在陕北民间的一种古老艺术形式，是由秧歌、跑旱船、莲花灯等组成的民间歌舞。鲁艺师生在秧歌的基础上创造发展出一种集戏剧、音乐、舞蹈于一身的综合性广场歌舞表演形式，并赋予其表现时代生活和积极向上的崭新内容，这就是新秧歌，当时最有名的秧歌剧就是由鲁艺教师王大化、学员李波排演的《兄妹开荒》了。李波回忆他们当初排练秧歌时，首先要由学校所在地的老百姓进行指导和评判，然后才能进行正式演出：

当时鲁艺的院长周扬同志看了我们的预演高兴极了.让我们走出校门，演给鲁艺所在地桥儿沟的老百姓看。于是我们打起锣鼓，扭出了校门，在老百姓的打麦场上，观众围成一圈，我们就表演起来，老乡们看了非常满意，说我们唱得清楚.听着亲切，给了我们很大鼓舞。经过桥儿沟的群众审查考验，我们的勇气更大了。于是我们扭出了桥儿沟，到机关去扭，到

---

① 于蓝：《难忘的课程》，《电影艺术》1962年3期，第6页。
② 张庚：《我在延安的戏剧活动》，艾克恩主编：《延安艺术家》，西安：陕西人民教育出版社，1992年，第37页。

部队去扭.投到杨家岭、王家坪、枣园和西北局党校联政各机关学校,都得到好评。①

在鲁艺带动下,延安每逢节日和演出、联欢,表演和观看新秧歌就成为边区民众最普及的一项娱乐活动。到了1944年春节,延安各单位组建的秧歌队就有27个之多。毛泽东在看了秧歌剧《兄妹开荒》演出时称赞说:"这还像个为工农兵大众服务的样子。"显然,在毛泽东看来,鲁艺师生已经从封闭在校园中的"小鲁艺"走了出来,走向了工农兵群众所创造的火热的边区生活的"大鲁艺"!

---

① 李波:《黄土高坡闹秧歌》,《新文化史料》1985年第2期。

歌声中的延安

1938年4月奔赴延安,进入抗大学习的吴伯箫,后来以无限眷念的心情,追忆了延安的歌声:

延安唱歌,成为一种风气。部队里唱歌,学校里唱歌,工厂、农村、机关里也唱歌。每逢开会,各路队伍都是踏着歌走来,踏着歌回去。往往开会以前唱歌,休息的时候还是唱歌。没有歌声的集会几乎是没有的……每次唱歌,都有唱有合,互相鼓舞着唱,互相竞赛着唱。有时简直形成歌的河流,歌的海洋。歌声一波未平,一波又起,接唱、联唱、轮唱,使你辨不清头尾,摸不到边际。那才叫尽情的歌唱哩!

唱歌的时候,一队有一个指挥。指挥多半是多才多艺的,既能使自己的队伍唱得整齐有力,唱得精采,又有办法激励别的队伍唱了再唱,唱得尽兴。最喜欢千人、万人的大会上,一个指挥用伸出的右手向前一

高唱革命歌曲

指，唱一首歌的头一个音节定定调，全场就可以用同一种声音唱起来。一首歌唱完，指挥用两臂有力地一收，歌声便戛然停止。这样简直把唱歌变成了一种思想，一种语言，甚至一种号令。千人万人能被歌声团结起来，组织起来，踏着统一的步伐前进，听着统一的号令战斗。①

梁漱溟也在记录来延安的观感时，表现出对延安唱歌的深刻印象：爱唱歌，爱开会，亦是他们的一种风气。天色微明，从被窝中坐起，便口中哼啊抑扬，此唱彼和，仿佛一切劳苦都由此而忘却！人与人之间情趣增加，精神上互为感召流通。②

罗工柳1938年刚到延安的第一天晚上，住在城内的机关合作社，那是中央的一个招待所。第二天天还没亮，他就收拾行李搬往北门外的鲁艺。在城里走的时候，听到满城的人都在唱《延安颂》。罗工柳感慨：延安的人没有不唱歌的，那个气氛真是忘不了。③

1939年1月，毛泽东与民主人士梁漱溟亲切交谈

---

① 吴伯萧：《歌声》，《吴伯萧散文选》，北京：人民文学出版社，1983年，第282页。
② 梁漱溟：《我与中国民主同盟：为团结抗敌和平建国而奔走》，北京：当代中国出版社，2011年，第15页。
③ 罗工柳：《大树是从苗苗长起来的》，王海平、张军锋主编：《回想延安·1942》，南京：江苏文艺出版社，2002年，第114、115页。

在鲁艺学习的钟惦棐回忆：

> 比如我们鲁艺的李伟，不知怎的却被人称作"王金邦"。我们结伴去听什么大报告，人们看见鲁艺来了，就先"啦"他。他于是像个英雄，从人丛中站起来卷卷袖子，轻轻哼一句，既告诉我们唱什么，又是定音，然后便带领我们去冲锋！直至把目标"啦"出去。①

李焕之的描述更是把我们带到了延安歌咏城的现场：

> 延安是个歌咏城，我一到延安就真切地感受到了。刚刚到延安的那一天，远远望见宝塔山时，同时也就传来了阵阵歌声："啊，延安！你这庄严雄伟的古城……"一进了鲁艺，从早到晚，歌声不断。清晨，大家纷纷跑到延河边去洗漱，就情不自禁地唱起了"延河浊，延河清，情郎哥哥去当兵……"当太阳从东山坡上洒向大地，就响起了"红日照遍了东方，自由之神在纵情歌唱……"当下课铃响了，同学们活跃起来，阵阵歌声此起彼伏，这边有人唱起了"大丹河水滚滚流……"那边传来了"张老三，你听我，告诉哟嗬你，我刚从山西哟嗬回来了……"在那北边的山坡上，从院部的窑洞口传过来了"我们祖国多么辽阔广大，她有无数田野和森林……"一听，就知道是沙可夫院长或是徐一新主任在引吭高歌，纵情抒怀呢！晚饭后，同学们三五成群漫步在延河边，你就会听到"夕阳辉耀着山头的塔影，月色映照着河边的流萤……"②

曾在抗大学习的欧阳洛回忆：那时，抗战歌曲流行全国，青年人大多是歌唱家，不管你入调不入调，反正热情一致，豪放不羁。没有歌本，教唱人唱一句，

---

① 钟惦棐：《回忆延安唱歌》，艾克恩主编：《延安艺术家》，西安：陕西人民教育出版社，1992年，第301页。
② 李焕之：《向往与追求》，艾克恩主编：《延安艺术家》，西安：陕西人民教育出版社，1992年，第350页。

抗大女学员在练习唱歌

你学一句。当时流行的歌曲,差不多每个青年都会唱。开起会来,总是歌声阵阵,此起彼伏。①

同样在抗大学习的丁雪松也在回忆录中充满感情地描述了他们的歌咏生活:

> 物质生活很苦,但在精神上,我们却是最富有、最快乐的一群。最能说明我们心境的,要算是回荡在延河边的嘹亮歌声了。除了睡觉、上课、吃饭,学员们随时随地都在唱歌。早晨唱,傍晚唱,饭前饭后唱,课前课后唱,行军时唱,开大会时更唱,歌声此起彼伏,直唱得地动山摇。是歌声,给我们以力量,激励我们奋发向前;是歌

---

① 欧阳洛:《抗大熔炉的锻炼》,于明黎等著:《口述上海:浦江之畔忆延安》,上海:上海教育出版社,2009年,第237页。

声,呼唤我们挺进到敌人的后方;是歌声,抒发了我们强烈的爱和恨。"大刀向鬼子们的头上砍去……"唱得大家热血沸腾,恨不得和敌人在战场上决一死战。一曲《延安颂》,抒发了一代青年对革命圣地延安,对党的忠诚和向往。《我们在太行山上》、《游击队歌》、《我们都是神枪手》等都是我们最爱唱的歌。我们唱出了那个时代的最强音。诗人何其芳曾写过一篇散文,题目就叫《歌唱延安》,文中提到"延安的人们那样爱唱歌,由于生活太快乐了"。

每到开大会听报告的时候,真是人似潮歌似海。大家席地而坐,这时会场开始热闹起来,队与队之间开始"挑战"。只见这个队的歌咏干事站起来拉开嗓门挥着手喊:"请××队唱一个好不好?"马上众人呼应:"好!"然后是热烈的掌声。盛情难却,另一个队的指挥起来应战,做了个预备的手势,说:"咱们唱《延安颂》。预备,起。"于是悠扬的歌声响彻在会场上。刚刚唱完,这个队立刻进行"反击":"欢迎××队来一个!"下边齐声呼应:"来一个,来一个!"等不及唱完,就有人喊:"唱得好不好?"一片喝彩声:"好!""再来一个要不要?""要!要!"接着是更热烈的掌声。大会常常在数千人甚至上万人高唱抗大校歌声中结束。①

在延安,歌咏比赛是最受欢迎的群众活动,每逢大型集会,延安各学校的成千上万的青年人汇集一起,相互拉歌,由此也产生了许多拉歌能手。

抗大学员黎琳(即后来牺牲于国民党息烽集中营的张露萍烈士)天资聪颖,每次集会,身材娇小的她,总是喜欢站在队列前面指挥大家唱当时在延安流行的抗日歌曲《干一场》,为此,同学们给她取了一个形象的绰号"干一场"!

---

① 丁雪松口述,杨德华整理:《中国第一位女大使丁雪松回忆录》,南京:江苏人民出版社,2000年,第277页。

张露萍（左1）赴延安前和同学周玉诚、杨梦萍、车崇英在成都郊外的合影

河里水黄又黄，东洋鬼子太猖狂！

昨天烧了王家寨哟，今天又烧孙家庄。

逼着那青年当炮灰，逼着老年运军粮；

炮火打死丢山岗，运粮累死丢路旁，

这样活着有啥用啊，拿起刀枪干一场！①

---

① 施文洪:《张露萍传》，北京：中国青年出版社，1985年，第103页。

延安时期最有名的歌曲之一,要算是《抗日军政大学校歌》了:

黄河之滨,集合着一群,中华民族优秀的子孙。
人类解放,救国的责任,全靠我们自己来担承。
同学们,努力学习,团结、紧张、严肃、活泼,我们的作风,
同学们,积极工作,艰苦奋斗,英勇牺牲,我们的传统。
象黄河之水,汹涌澎湃,把日寇驱逐于国土之东,
向着新社会前进,前进,我们是劳动者的先锋!①

曾在抗大学习的王仲方把在延安唱过的歌曲作为相伴一生的永恒纪念:

一唱起"黄河之滨,集合着一群中华民族优秀的子孙",马上感到精神抖擞。唱到"人类解放救国的责任全靠我们自己来担承",顿时觉得肩上的担子很重。怎么来担承呢?"团结紧张严肃活泼是我们的作风,艰苦奋斗英勇牺牲是我们的传统",我们就是要这样学习和工作,学好本领,"来把敌寇驱逐到国土之东,向着新社会前进,前进!"我们抗大学生是什么人?歌曲最后一句回答:"我们是劳动者的先锋!"这首抗大校歌代表了我们抗大全体学员的心声,我从1937年一直唱到现在2009年,它是我人生的起点,我把它同《毕业歌》、《义勇军进行曲》当做我人生的三部曲。我永远不会忘记自己是中国伟大时代的一个值得骄傲的人。②

---

① 吕骥:《吕骥歌曲选集》,北京:人民音乐出版社,1987年,第27、28页。
② 王仲方:《延安风情画——一个"三八式"老人的情思》,北京:中国青年出版社,2010年,第66、68页。

《黄河大合唱》

延安时期，最能体现中华民族团结向上、顽强不屈精神风貌的音乐作品，无疑要数《黄河大合唱》了。当年在延安抗大学习的王仲方40年后重返延安，来到大砭沟，"耳边犹然听到当年《黄河大合唱》的歌声"，他回忆起《黄河大合唱》第一次演出时，"大砭沟人山人海，从广场到山头站满了人"[①]，是那么地威武雄壮、气壮山河、惊天地泣鬼神！

  朗诵：朋友！你到过黄河吗？你渡过黄河吗？你还记得河上的船夫拼着性命和惊涛骇浪搏战的情景吗？如果你已经忘掉的话，那么，你听吧！
  咳哟！划哟！划哟！划哟，冲上前！划哟，冲上前！……
  朗诵：啊，朋友！黄河以它英雄的气魄，出现在亚洲的原野；它表现出我们民族的精神，伟大而又坚强！这里，我们向着黄河，唱出我们的赞歌。
  站在高山之巅，望黄河滚滚，奔向东南。金涛澎湃，掀起万丈狂澜……
  啊！黄河！你是中华民族的摇篮……
  啊！黄河！你一泻万丈，浩浩荡荡……
  风在吼，马在叫，黄河在咆哮，黄河在咆哮，河西山冈万丈高，河东河北高粱熟了。万山丛中，抗日英雄真不少！青纱帐里，游击健儿逞英豪！端起了土枪洋枪，挥动着大刀长矛。保卫家乡！保卫黄河！保卫华北！保卫全中国！[②]

[①] 王仲方：《延安风情画——一个"三八式"老人的情思》，北京：中国青年出版社，2010年，第55页。
[②] 光未然词，冼星海曲：《黄河大合唱》，北京：人民音乐出版社，1980年，第1、10、11、12、13、31、32页。

1. 《黄河大合唱》曲作者冼星海
2. 《黄河大合唱》词作者光未然

1938年9月9日，作为中共党员的光未然①以"军委会政治部西北战地宣传工作视察员"（由时任国民政府军委会政治部副部长周恩来颁发）的名义，带着周恩来的嘱咐："勤业、勤学、勤交友"，率军委会政治部第三厅所属的抗敌演剧第三队赴西北战地进行抗战宣传。

1939年春，光未然因堕马左臂粉碎性骨折，被用担架转送回延安，路途中两渡黄河，滔滔黄河的惊涛骇浪及艄公们齐心协力、震撼人心的号子声，深深地感染着他。到达延安后，左臂肿胀的光未然口述灵感，由三队的挚友胡志涛笔录，仅用五天就完成了《黄河大合唱》组曲的歌词，并将其中的段落朗诵给大家听。激情澎湃的诗作，引起了在现场的音乐家冼星海②强烈的共鸣，主动表示要为之谱曲。冼星海是延安鲁艺副院长沙可夫及音乐系全体师生集体签名邀请来的。他于1938年11月3日到达延安，并被聘为鲁艺音乐系主任。连续几天，冼星海夜以继日，很快就完成了《黄河大合唱》这部作品的作曲工作。

1939年5月11日，在鲁艺成立一周年纪念音乐

---

① 光未然(1913.11.1—2002.1.28)，湖北光化人（现湖北襄阳老河口市）。原名张文光，笔名未然、光未然、张望、兰枫、张华夫等，化名张华甫、张一松。1942年改名为张光年。

② 冼星海(1905.6.13—1945.10.30)，广东番禺人（现广州市南沙区榄核镇），出生于澳门，1938年底来到延安并在鲁艺任教，中国近代著名作曲家、钢琴家，有"人民音乐家"之称。

晚会上，冼星海亲自指挥百余人演出了《黄河大合唱》。毛泽东等中央领导人也参加了晚会。歌曲唱完，在场的毛泽东等人情不自禁地连声说"好"！[①] 冼星海在当天的日记中也特地写到：今天是个空前的音乐会，毛主席还叫三声好。

《黄河大合唱》词作者光未然这样回忆当时创作的经历：

> 早在1937年春天我和星海在上海结识的时候，他已经大发宏愿，要通过自己创造的音乐形象，表现我们中华民族的苦难、挣扎、奋斗，对自由幸福的追求和胜利的确信……回想起来，作曲家反映时代要求的宏愿，也正是中国作家艺术家共同的心愿，我也并不例外。1938年秋冬，我和抗敌演剧第三队同志们一起，经常在大西北的黄河西岸行军，在敌后游击根据地活动。中国雄奇的山川，游击健儿们英勇的身姿，时刻强烈地感动着我。我在心头酝酿着一个篇幅较大的朗诵诗《黄河吟》。稍后在延安治病写诗的时候，接受星海和演剧三队同志们的建议，改写为《黄河大合唱》的歌词。
>
> ……
>
> 我现在还记得，1939年2月的一个晚上，延安交际处一个宽大窑洞里，抗敌演剧第三队三十位同志共度愉快的农历除夕。我应邀从二十里铺的医院赶来参加这个晚会。星海同志也应邀参加了。在明亮的煤油灯下，我站起来作了几句说明，然后很带感情地一气朗诵了全部四百多行的《黄河》歌词。同志们以期待的眼光聚精会神地谛听着。掌声刚落，星海同志霍地站起来，把歌词抓在手里，说："我有把握写好它！"接着是更热烈的掌声，杂以欢呼，祝贺这诗与音乐的心灵的契合。[②]

[①] 唐荣枚：《杜鹃啼血黄土情》，艾克恩主编：《延安艺术家》，西安：陕西人民教育出版社，1992年，第403页。

[②] 光未然：《〈黄河大合唱〉的诞生》，《光未然脱险记》，上海：上海文艺出版社，2001年，第87、88、89页。

冼星海指挥演练《黄河大合唱》

光未然在另一篇文章追述了冼星海创作《黄河大合唱》的经过：

我还记得那山坡上的一排排小窑洞，鲁艺教师们的宿舍。星海的一间朴素而明朗，土炕上架着木床，他和夫人钱韵玲同志同住，临窗的小书桌，也架在炕上。星海就在这小桌上写出了他著名的两个大合唱及其他许多佳作。他的工作毅力是惊人的，一开始写作就不愿休息，偶尔斜躺在小床上抱头沉吟一下，忽地又起来振笔直书下去。他的头脑里仿佛有无尽的乐语的泉源，刷刷地迸流出来，就使他经常处在一种兴奋的无法自抑的精神状态中。他爱吃糖果，当时延安买不着糖果，他要我买两斤白糖送给他。白糖放在桌上，写几句便抓一把送到嘴里，于是一转瞬间，糖水便转化为美妙的乐句了。

……延安当时缺乏西洋乐器，为《黄河大合唱》写伴奏，他就利用当时当地所能找到的各种乐器，提琴、二胡、三弦、笛子、军号、大鼓等等一齐来，充分发挥它们的作用，巧妙地互相搭配，创造了中西合璧而富于民族色彩的伴奏音乐。这是一个重大的创造，取得了很好的效果。当时在延安听过演唱的同志们，想必记得那压轴之作《怒吼吧！黄河》演唱临近结束的时候，那一阵阵震撼人心的军号和大鼓声，何等地突出并强化了歌曲的内容，使人顿时热血沸腾，久久不能平静下来。

星海以六天时间的日夜突击，写完了《黄河大合唱》的全部曲调，又经过一个星期，一面参加生产劳动及其他活动，一面写完了它的全部伴奏音乐。①

冼星海更是详细地总结自己的创作思路：

第一首《黄河船夫曲》。你如果静心去听，可以发现一幅图画，像几十个船夫划船，充满战斗的力量。歌曲有两种情绪是值得注意的：开首的紧张情形，是船夫们渡黄河时和波涛挣扎的情形。他们唱"划哟，冲上前！""乌云啊，遮满天！浪花啊，打进船！伙伴啊，睁开眼！……"。最后一段比较轻松一点，在他们走近河岸的时候，他们充满着愉快、希望与光明。最后的两句，象征斗争的不断性。整个的歌曲，写出了一个斗争的运动过程。

《黄河颂》是用"颂"的方法写的，带着奔放的热情，高歌赞颂黄河之伟大、坚强。是由男高音独唱，歌声悲壮。在伴奏中可以听出黄河奔流的力量。

---

① 光未然：《〈黄河大合唱〉的写作故事》，曾刚编著：《山高水长：延安音乐回忆录》（修订版），西安：太白文艺出版社，2001年，第26、27页。

《黄河之水天上来》是一首朗诵歌曲。我用三弦作伴奏，歌词的内容全由三弦表达出来，不是大鼓的伴奏方法。欧洲有一种歌词与伴奏相互独立的歌唱，由于沃尔夫（Wolf）的提倡而完成。但中国歌曲用三弦来伴奏能表达歌词的内容，而又可独立自成一曲的，恐怕是第一次的尝试。三弦的调子里，除了黄河的波浪澎湃声外，还有两个曲调的蕴藏：一个是《满江红》，另一个是《义勇军进行曲》。但只有一点，而无全曲，这是由于曲调组织的关系。

《河边对口曲》是用民歌方式写的，用山西音调。最后四段的二部合唱是用甲乙主调配合起来的。三弦和二胡代表甲乙的对唱和合唱，过门比较轻松有趣。但唱的人如用动作帮助歌曲的传达，就更为生动。

《黄水谣》是齐唱的民谣式的歌曲，音调比较简单，带痛苦呻吟的表情。但与普通一般颓废的情绪不同，它充满着希望和奋斗。

《黄河怨》代表妇女被压迫的声音，被污辱的声音。音调悲惨缠绵，是含着眼泪来唱的一首悲歌。假如唱的人没有这种情感，听众必然没有同感的反应，这是值得注意的。

《保卫黄河》是一首轮唱曲。从二部至四部轮唱，每一句都要有力地而且健康地乐观地唱出。这是全用中国旋律写的轮唱。三部至四部轮唱时，内中有"龙格龙格龙"是轮唱的伴奏。唱时要唱出风格才有趣。听来非常有趣和雄伟，一起一伏，变化无穷，只要留意不停地把旋律唱出。

《怒吼吧！黄河》是一首四部大合唱。里面有二、三、四部的合唱。曲调诚恳和雄厚，充满热情和鼓励，是"黄河"歌曲中一个最重要的主调。最后两句"向着全世界劳动的人民，发出战斗的警号"，是不断地唱三四次，至听众有了同感，才转到结尾，最好用军号吹奏，主调用战鼓伴奏。[①]

---

① 冼星海：《我怎样写〈黄河大合唱〉》，曾刚编著：《山高水长：延安音乐回忆录》（修订版），西安：太白文艺出版社，2001年，第22、23、24页。

作为《黄河大合唱》的曲作者，著名音乐家冼星海来到延安后，被延安无处不在的健康向上的风尚、人与人之间纯洁的感情所熏染，他认为：劳动者所想的实在是最高尚的，为着大众的，正义的。他们不需要欺骗、卑鄙、自私、阴谋、猜忌、残忍等，所以感情是健康的。又因上述的种种原因，他们最能团结自己和团结各种被压迫人民。因之他们的声音感情是充溢着热爱和亲切、真诚和恳挚。而至他们命定要做新世界的主人翁，把世界变成大同社会。这样他们的气魄是很大的，力量是深厚的。所有这一切就构成了劳动者的呼声与无限力量和情感的健康。①

《黄河大合唱》的首场演出是1939年4月13日由抗敌演剧三队在延安演唱的，负责指挥的是邬析零。而人数最多的一次演唱，是1940年2月16日，为欢迎途经延安去榆林拍电影的中国电影制片厂西北摄影队，组织了来自女大、鲁艺等单位人员500人，冼星海亲自担任指挥。李焕之回忆这次演唱会的盛况：

> 记得《黄河大合唱》曾经有过四五百人的一次大合唱，这次合唱是只花了一个下午的总排练准备起来的（在总排之前也分头练习过）。……
>
> 演出的时间很快就到了，四五百个演唱者简直把整个舞台给占据了，前台后台及两旁都挤得紧紧的。一声霹雳，合唱开始了，这在延安的音乐演出上是空前的盛况，声势的浩大是无可比拟的。星海同志以他惯有的稳健、活跃而有力的姿态出现在演唱者和听众之间。当合唱进行到《保卫黄河》的时候，星海同志突然转过身来，请全体听众一齐歌唱，这真是意想不到的却又是多么令人兴奋和感动的场面啊！台上台下交织成一片战斗的歌声和沸腾的情绪，这是在世界指挥艺术史上空前的创造。②

---

① 冼星海：《新环境》，艾克恩主编：《延安艺术家》，西安：陕西人民教育出版社，1992年，第323页。
② 李焕之：《热情 饱满 坚定——回忆星海同志》，《永生的海燕——聂耳、冼星海纪念文集》，北京：人民音乐出版社，1987年，第272页。

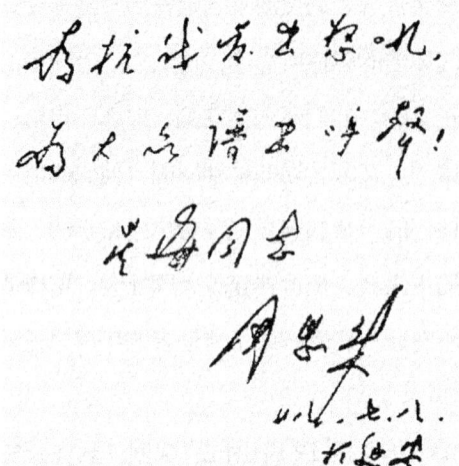

1939年7月8日,周恩来为人民音乐家冼星海题词手迹:为抗战发出怒吼,为大众谱出呼声!

曾在鲁艺任教的干学伟在接受采访时也回忆道:

> 有一个美国女记者叫斯特朗到延安来了。为欢迎她演出了一场《黄河大合唱》。那次大概有五百多人观看,台下都挤满了人。我坐在她的后几排。她觉得这个演出很新鲜,就拿照相机蹲在台下拍照。冼星海在台上指挥,《黄河大合唱》的黄河船夫曲一开始,"哎唷"几百人一齐吼,把她吓了一跳,一屁股跌坐在地上,连照相机也掉了。①

著名作家茅盾用文学家的笔触描述听了《黄河大合唱》之后的心情:

> 这开了我的眼界,这使我感动,老觉得有什么东西在心里抓,痒痒的又舒服又难受……它那伟大的气魄自然而然使人卑吝全消,发出崇高的情感,光是这一点也就叫你听过一次就象是灵魂洗过澡似的。②

---

① 干学伟:《我们从感情上起了变化》,王海平、张军锋主编:《回想延安·1942》,南京:江苏文艺出版社,2002年,第196页。
② 茅盾:《忆冼星海》,《茅盾文集》第10卷,北京:人民文学出版社,1958年,第113页。

周恩来在延安听了《黄河大合唱》之后，于1939年7月8日兴奋地题词：为抗战发出怒吼，为大众谱出呼声！

《黄河大合唱》由于强烈的时代气息和艺术感染力，也成为延安时期文艺晚会、联欢活动的保留曲目，打动了现场的所有观众，受到了广泛的欢迎，也给来延安的许多人士留下了深刻而难忘的印象。

《游击队歌》

游击队歌

贺绿汀　词曲

我们都是神枪手，每一颗子弹消灭一个仇敌；
我们都是飞行军，哪怕那山高水又深。

在密密的树林里，到处都安排同志们的宿营地；
在高高的山岗上，有我们无数的好兄弟。

没有吃，没有穿，自有那敌人送上前。
没有枪，没有炮，敌人给我们造……①

1938年春，八路军总司令部驻地临汾刘庄的上空，正飘荡着激昂的抗战歌声的旋律。参加演唱的是上海文化界救亡演剧队第一队的全体队员，戏剧艺术家欧阳山尊吹着口哨作为伴奏，担任指挥的正是这首歌曲的作者贺绿汀。②

当时，这里正在召开八路军高级干部会议。在会议间歇的晚会上，这首

---

① 贺绿汀：《游击队歌》，《贺绿汀歌曲选》，长沙：湖南人民出版社，1981年，第37、38、39页。
② 欧阳山尊：《主席握你的手是真心实意的》，王海平、张军锋主编：《回想延安·1942》，南京：江苏文艺出版社，2002年，第244页。

1938年3月，朱德总司令在山西沁县小东岭召开八路军高级干部会议。左起：彭德怀、徐海东、李达、朱德；朱瑞（左12起）、张浩、刘伯承、左权

歌还是第一次公开演出。台下端坐的是朱德、任弼时、刘伯承、徐向前、贺龙等八路军将士。歌曲的最后一个音符结束，台下就爆发出了热烈的掌声。朱德紧握着贺绿汀的手，由衷地赞扬这首歌"写得好"！

恐怕许多人并不知道，这首歌曲从酝酿到完成，也不过短短的一个多月。

1937年"八一三"淞沪抗战爆发后，上海文化界爱国人士积极组织救亡演剧队奔赴内地和华北前线，进行抗战宣传鼓动工作。当时已经是著名音乐家的贺绿汀与欧阳山尊、李丽莲、程默、塞克等爱国艺术家一起于8月21日加入救亡演剧队第一队，从上海出发，一路辗转经过武汉、开封、洛阳、西安等地，11月份到达抗日前线山西临汾，打听到八路军办事处在临汾城西郊刘庄，于是队

冀中白洋淀雁翎队

员们一致决定到八路军办事处去休整，并为八路军战士演出。

贺绿汀和队员们到达山西八路军办事处临汾城西八里地刘庄后，办事处主任彭雪枫高度重视，对这些文化人给予了热情的接待，向他们介绍了许多八路军抗战的情况，耐心地回答提问，还组织他们听报告，并给他们送来许多开展游击战的文件资料。贺绿汀当时正在酝酿以八路军游击队为对象，创作一首抗战歌曲。虽然他参加过广州暴动，对战场并不完全陌生，但对八路军运用游击战打击日本侵略者的事迹，还是第一次听到。贺绿汀去八路军总部新成立的炮兵团访问，指战员们告诉他，从陕西出发时还没有炮兵，现在看到的炮还是从与日军作战中缴获的。此时，伴随着一串音乐旋律，他脑海中闪出一段歌词："没有枪，没有炮，敌人给我们造！"

一时间，零碎、片段，但却互有联系的音乐旋律充满他的脑际。在防空洞里，敌机"哒哒哒"的扫射声和激烈的机关枪声，化作音乐符号，突然变成了小鼓的节奏，又一串音乐旋律在贺绿汀脑海里浮现出来，"我们都是神枪手，每一颗子弹消灭一个仇敌"。伴随着音乐的旋律，他的脑海里闪现着一个个动人的画面：密林里、高岗上；青纱帐、绿水旁……到处都是游击健儿英勇杀敌的身影。

贺绿汀后来回忆创作这首《游击队歌》的情景时说：

> 临汾是阎锡山的防区，晚上要躲警报。记得那时我在防空洞里面就开始写《游击队歌》了，大概前前后后写了一个来月，因为里面有许多细节是经过很详细的考虑，从歌本身就可以看到：歌词与音乐结合得很密切，把许多政治内容变成艺术形象，是经过很实际的考虑的。节奏、

武工队

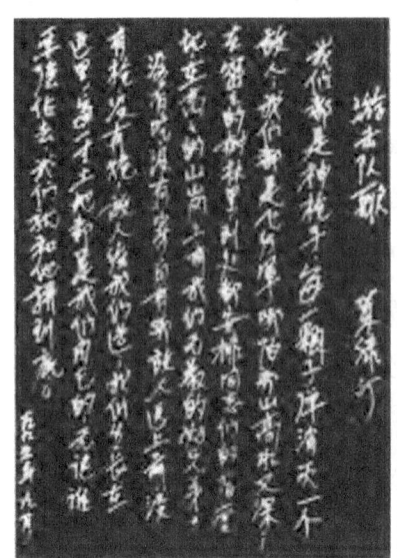

1 | 2

1. 1995年9月,江苏盐城新四军重建军部纪念馆,并在馆内建绿汀亭,图为《绿汀亭》碑文《游击队歌》歌词,贺绿汀手迹
2. 贺绿汀与家人在延安

词与曲的关系、曲的组织都是经过比较详细的考虑的。《游击队歌》的词、曲几乎是同时写的。但我总是先有音乐,根据音乐再写歌词。写歌词时也和演剧队员商量过的。①

这首歌曲通过音乐的刻画,反映处在敌后艰苦环境中的游击战士乐观的情绪、昂扬的斗志和革命的自豪感。贺禄汀表示:在曲词的结合上,我把不重要的字或衬字全都摆在轻拍上,把重要的字摆在长音或强拍上,根据曲调的节奏变化与旋律线的进行来考虑每一句歌词的具体安排,使歌词与曲调吻合。这样,虽然每一句歌词的长短都不相同,但词

---

① 董团、梁茂春:《贺绿汀采访录(二)》,《福建艺术》,2014年第6期。

与曲的起、讫、问、答完全一致，曲调既充分表达了歌词的意义，唱起来也朗朗上口。①

不久，贺绿汀来到八路军部队随营学校，在高高的土台上，贺绿汀先指挥演剧队队员演唱，一打拍子，台下的战士也都跟着唱起来了。这首歌传开后，有的部队就派人骑着马奔几十里路赶来抄谱子。从平型关战场打了胜仗来到这里休整的六八五团团长杨得志，即将率部队开往前线，他急切地邀请贺绿汀和演剧队到部队去，一个营、一个连地教唱这首歌。杨得志说："唱会了这首歌就出发。"部队出发那天，漫天雪花飘舞，战士们一边放声高唱这首抗日战歌，一边雄赳赳气昂昂地迈开整齐的步伐踏着皑皑白雪向前行进。以后，这首歌不胫而走，迅速传遍全国城乡，甚至在敌占区也广为传唱。

1938 年，美国海军陆战队军官卡尔逊来到延安，毛泽东专门派欧阳山尊等人陪同他考察共产党领导下的八路军抗战前线。经过前后两次的解放区之行，卡尔逊内心产生出对中国共产党及其军队的由衷敬意。他在临别上火车时，主动提出：我们一起唱《游击队歌》吧。欧阳山尊等人就和他一起唱了起来。大家都很激动，卡尔逊也和大家一样，流下激动的泪水。②

来到中国参加八路军、与中国人民共同抗战的白求恩大夫也非常喜欢这首歌，常常在行军时哼唱。在延安和晋察冀八路军抗日前线采访的美国记者卡尔逊还在所著的反映中国共产党领袖和八路军抗战历程的《中国的双星》一书中多次提到这首歌，并大段引用它的歌词。

1943 年 7 月，贺绿汀来到延安。不久，在王家坪八路军总部礼堂的文艺晚会上，周扬向毛泽东介绍贺禄汀，毛泽东高兴地称赞说：你的《游击队歌》写得很好啊，你为人民做了好事，人民是不会忘记你的。

有意思的是，毛泽东还在对鲁艺学员的一次讲话中，引述了《游击队歌》

---

① 袁成亮：《歌曲〈游击队歌〉诞生始末》，《党史博采》，2008 年第 7 期。
② 欧阳山尊：《主席握你的手是真心实意的》，王海平、张军锋主编：《回想延安·1942》，南京：江苏文艺出版社，2002 年，第 246 页．

的歌词向大家做报告。毛泽东说：（你们）不久就要奔赴各地，到实际斗争中去，正如你们唱的《游击队员之歌》中所说的，"我们都是飞行军，哪怕那山高水又深"。你们不但要在口里唱，而且要实际地去那样做。[1] 显然，这首歌，已经深深地印在毛泽东的脑海里了。

---

[1] 毛泽东：《在鲁迅艺术学院的讲话》，《毛泽东文集》第2卷，北京：人民出版社，1993年12月版，第124页。

《延安颂》

延安颂

莫耶 词　郑律成 曲

夕阳辉耀着山头的塔影，月色映照着河边的流萤，

春风吹遍了坦平的原野，群山结成了坚固的围屏。

啊，延安！你这庄严雄伟的古城，到处传遍了抗战的歌声。

啊，延安！你这庄严雄伟的古城，热血在你胸中奔腾。

千万颗青年的心，埋藏着对敌人的仇恨，

在山野田间长长的行列，结成了坚固的阵线。

看！群众已抬起了头，看！群众已扬起了手。

无数的人和无数的心，发出了对敌人的怒吼。

士兵瞄准了枪口，准备和敌人搏斗。

啊，延安！你这庄严雄伟的城墙，筑成坚固抗日的阵线，

你的名字将万古流芳，在历史上灿烂辉煌！[1]

《延安颂》作为延安时期广为传唱的歌曲，感染和激励了不知多少人。词作者莫耶在接受采访时介绍说：鲁艺音乐家时乐濛就是唱着它从河南奔向延安的；电影演员陈波儿从上海到达延安时，欢迎会上她首先唱的就是这首歌。[2]

---

[1] 郑律成：《延安颂》，《郑律成歌曲选》，沈阳：辽宁人民出版社，1984年，第256、257页。
[2] 李敏杰：《莫耶与〈延安颂〉》，《党史博览》，2000年第10期，第19页。

《延安颂》词作者莫耶

《延安颂》歌词的作者莫耶,原名叫陈淑媛,出生于福建安溪县一个富裕的归侨家庭。1937年秋,陈淑媛随上海救亡演剧第五队到达延安。在延安,陈淑媛改名为莫耶,意为宝剑。

不久,莫耶进入抗日军政大学第三期三大队学习。1938年春,延安鲁迅艺术学院成立,组织上抽调在抗大学习的包括莫耶在内演剧队部分同志到鲁艺戏剧系学习。1938年夏,作家沙汀和何其芳等从大后方来到延安鲁艺,鲁艺又成立了文学系,莫耶也由戏剧系转入文学系。莫耶曾向友人这样介绍《延安颂》的创作经过:

那是(1938年)阳春三月的一个傍晚,她和同学们在延安城里开完群众大会之后,登上山坡,鸟瞰全城,但见夕阳辉耀着巍巍的宝塔,灯火映照着滔滔的延河,欢歌笑语在河谷里荡漾。透过月色,莫耶好像看到千万青年昂首阔步从圣地奔赴抗日前方,无数的人和无数的心结成了坚固的阵线;好像看到若干年后,延安将载入灿烂的史册,万古流芳。①

恰在这时,鲁艺音乐系学员郑律成也与他们随行,面对此情此景,抑制不住地一把拉起站在自己旁边的莫耶说道:莫耶,真是太美了,你赶

---

① 李敏杰:《莫耶与〈延安颂〉》,《党史博览》,2000年第10期,第19页。

快给我写个歌词吧！因为此前莫耶与郑律成合作过，同样是鲁艺学员的莫耶也就毫不推辞，很快把自己的感受抒写了下来。郑律成看到莫耶写就的歌词，连声称赞：太好了，写得太好了。我马上就谱曲。①

后来成为郑律成夫人、当时也在延安抗大学习的丁雪松回忆道：

> 律成创作《延安颂》时，还是鲁艺的学生，到延安不过半年，但他很快爱上了这座充满青春气息、朝气蓬勃的城市。就像他自己所说的："我日夜琢磨着，想写一支这样的歌，它应当

音乐家郑律成指挥演唱《延安颂》

---

① 袁成亮：《歌曲〈延安颂〉诞生记》，《党史博览》，2008年第11期，第35、36页。

是优美的、战斗的、激昂的,以它来歌颂延安。因为歌颂延安,就是歌颂革命,虽然当时我没有专门学过作曲,但革命的激情促使我拿起笔,写了《延安颂》的音乐主题,并请鲁迅艺术学院文学系的莫耶同志写了歌词,在歌词的基础上我发展了原来的主题,写成了《延安颂》。"①

几天后,在延安大礼堂举行的一次晚会上,由郑律成和鲁艺女声乐家唐荣枚合作演唱了《歌颂延安》②,演唱获得极大的成功。唐荣枚后来说:1938年春末,在延安城里礼堂举行的一次晚会上,头一个节目就是由我独唱《歌颂延安》。郑律成弹着曼陀林为我伴奏,并在临结尾处与我合唱下声部。唱完后受到听众的热烈欢迎,在座的毛主席也高兴地鼓着掌。③

《延安颂》词作者莫耶回忆:

《歌颂延安》唱出的第二天,党中央宣传部来人要走了这首歌的歌词,几天后鲁艺的秘书长维克多同志拿给我一张铅印的歌篇,歌名已改为《延安颂》。秘书长对我说:"中宣部问对歌名这样改你有什么意见?"我当时就说:"改成《延安颂》好!"④

从此,《延安颂》歌曲广为传唱,脍炙人口。曲作者郑律成说道:我没有想到它像长了翅膀一样,从延安飞到前方,从解放区飞到国统区,直到南洋和东南亚。甚至还流传着关于这首歌引发的真实故事:

---

① 丁雪松口述,杨德华整理:《中国第一位女大使丁雪松回忆录》,南京:江苏人民出版社,2000年,第193页。
② 《歌颂延安》即《延安颂》。
③ 唐荣枚:《杜鹃啼血黄土情》,艾克恩主编:《延安艺术家》,西安:陕西人民教育出版社,1992年,第402页。
④ 莫耶:《〈延安颂〉的创作和其他》,曾刚编著:《山高水长:延安音乐回忆录》(修订版),西安:太白文艺出版社,2001年,第361页。

抗战胜利以后，在东北战场一个宣传队里，一位女青年因吃不了苦而想回家。当她悄悄打好背包走到院子门口时，突然传来队友们那深情的《延安颂》，听到那熟悉亲切的歌声，她好像又回到了火热的战场，心里又激动，又羞愧，含着眼泪回到伙伴中间，和大家一起高唱《延安颂》。大伙都说，是《延安颂》将她给唱回来了。①

丁雪松后来也回忆道：一次，我在路易·艾黎家和几位国际友人一起喝茶，谈到了郑律成。马海德医生告诉我，二战中，《延安颂》还传到了美国。在纽约，每当为抗战中的八路军募捐时，总要演奏聂耳的《义勇军进行曲》和郑律成的《延安颂》。他还诙谐地补充说，他从来都把郑律成呼作"啊延安"，而不叫他的真实姓名。我还听朱子奇同志说，他访问美国时，曾到住在旧金山的老朋友、美国外交官谢伟思先生家做客。到过延安的谢伟思用半中半洋的音调哼起《延安颂》来，说他在高兴或忧伤时，往往爱哼哼这难忘的曲子，它会给人安慰和力量。这支名曲解放后成为许多影剧中的主题音乐，几乎成了延安的代名词。1993年，它被评为20世纪华人音乐经典作品之一②。

---

① 袁成亮：歌曲《〈延安颂〉诞生记》，《党史博览》，2008年第11期，第36页。
② 丁雪松口述，杨德华整理：《中国第一位女大使丁雪松回忆录》，南京：江苏人民出版社，2000年，第193、194页。

延安晚会

在某种意义上，延安的晚会已经成为延安红色记忆中重要的标志，延安晚会不仅极大地活跃了当时的文化生活，而且成为延安时期政治经济文化教育活动的重要载体，有着独特的时代气息，并因此成为典型的时代符号之一。

作为中共中央所在地，特别是从这里吹响了代表民族之声的抗战号角，延安不仅是成千上万知识分子的汇聚之地，而且先后成立了不少文艺社团，开展了丰富多彩的文化活动。据初步统计，既有中国民间音乐研究会、延安作曲者协会、延安青年大合唱团、延安合唱团、鲁艺音乐工作团、延安业余国乐社、延安乐队、文化俱乐部跳舞班、中央管弦

大型歌剧《白毛女》是由贺敬之、丁毅等创作的。1945年6月10日，《白毛女》作为党的七大献礼在延安中央党校礼堂举行首演。毛泽东、朱德、刘少奇、周恩来等中央领导与七大代表观看了演出

乐团等 11 个音乐团体，还有西北战地服务团、西北文艺工作团、抗战剧团、烽火剧团、边区民众剧团、鲁艺实验剧团、青年艺术剧院、延安平剧①研究院等 18 个戏剧演出团体。他们经常排练和演出各种文艺节目，举办不同形式的晚会，形成了延安时期特有的文化景观。

  延安的各种晚会非常有特色，每逢周末和节假日，不同单位的各种晚会如期进行②，如"每逢节日（如五一、新年、新春……），马列学院必举行晚会，节目丰富多彩，话剧、平剧（京剧）、合唱、相声……应有尽有，有的甚至轰动了延安。"③中央党校"每周末组织文娱晚会和舞会，每个班根据个人不同的爱好，组成秧歌队、合唱团，自编自演话剧、秧歌剧、快板等。"④延安各单位的礼堂、大厅、新旧剧场乃至庙宇的戏台、单位的院落都成了举行晚会的场所，"普通市民较集中的新市场有常设的剧场，偶尔鲁迅艺术学院的学员也在八路军司令部大礼堂公演。党政军的工作人员都可以免费观看。"⑤中央大礼堂是举行晚会最多的地方，"在一些节假日，或为欢迎某位重要人物时，杨家岭中央大礼堂肯定演戏。"⑥"逢到晚会，除非天下大雨，或大雪与大雪之后，山路不好走，大礼堂里总是挤满了人，从来不会有一个空座位。"⑦

  当时观看晚会甚至成为一种仪式性狂欢。逢上举办晚会的日子，各学校、机关、团体都提前到会，热闹的"拉歌"声响彻夜空，实在叫人兴奋。会后各自分路走向自己的窑洞的时候，都是兴犹未尽地唱起歌儿，歌声此起彼伏。⑧

---

① 即京剧。1928 年 6 月 20 日至 1949 年 9 月 27 日，北京曾改名为北平，因此京剧也在一段时期内被称作平剧。
② 黄正林：《抗日战争时期陕甘宁边区的社会生活》，《中共党史研究》，2008 年 6 期。
③ 文白：《金色年华——马列学院的八小时以外》，吴介民主编：《延安马列学院回忆录》，北京：中国社会科学出版社，1991 年，第 191 页。
④ 陈俊岐：《延安轶事》，北京：人民文学出版社，1991 年，第 128 页。
⑤ [日]铃木传三郎著，刘国霖译：《当了俘虏去延安》，《日本俘虏在延安》，北京：学苑出版社，2000 年，第 218 页。
⑥ 高智：《在毛主席身边工作的点滴回忆》，西安市政协文史资料委员会编：《忆延安》（西安文史资料第 17 辑），西安：陕西人民出版社，1991 年，第 296 页。
⑦ 陈学昭：《延安访问记》，北京：中国国际广播出版社，2013 年，第 207 页。
⑧ 胡丹沸：《鲁艺学习生活片段》，艾克恩主编：《延安艺术家》，西安：陕西人民教育出版社，1992 年，第 51 页。

据当时还在中国女子大学读书的白绫回忆：

> （那时）我还是个无戏不看的狂热观众，那时专业的业余的演出甚多，无论是在杨家岭中央礼堂、党校礼堂、边府礼堂，还是新建的八路军大礼堂，只要有演出，我都一个不漏。甚至搬到桥儿沟去了的鲁艺，相距十几里，看一场戏来回就走30多里也不在乎。去时带上两个馍馍，边吃边走，回来踏着月色饥肠辘辘，亦不懊悔。①

曾在中国女子大学学习并任学生会副主席、俱乐部主任的丁雪松回忆起女子大学1940年庆祝三八妇女节晚会时的情况：

> 晚上举行了精彩的晚会。各班都演出了准备已久的节目，有歌唱、舞蹈、双簧。最精彩的是教务长张琴秋的交谊舞表演。她刚一出场，就博得了满堂喝彩声。只见她穿着件红绸衣，搂着个身穿西装的草人作男舞伴，手舞足蹈，前仰后合，引得全场观众哄堂大笑。有的笑弯了腰，有的笑出了眼泪，全场气氛十分热烈。最后是演出京剧《花木兰》。②

在延安，举办晚会更多的是一种公务活动。抗战时期的延安，每逢重大事件或重要客人来总要举行晚会。如1938年三四月间，延安市召开了工人代表大会，白天开会，晚上看文艺节目，有天晚上演出的是秦腔《升官图》《武家坡》，参会的毛泽东也去看戏，场面十分热闹，也来了很多群众观看演出③。1938年

---

① 白绫：《延安"青艺"纪事》，艾克恩主编：《延安艺术家》，西安：陕西人民教育出版社，1992年，第240、241页。

② 丁雪松口述，杨德华整理：《中国第一位女大使丁雪松回忆录》，南京：江苏人民出版社，2000年，第289页。

③ 黄俊耀：《柯仲平与延安民众剧团》，西安市政协文史资料委员会编：《忆延安》（西安文史资料第17辑），西安：陕西人民出版社，1991年，第240页。

5月4日，毛泽东出席延安青年纪念"五四"晚会，并发表讲话，号召青年们打倒日本帝国主义，为建立独立、自由、幸福的新中国而奋斗。1939年3月12日，延安各界在陕公大礼堂举行盛大晚会，纪念马克思、孙中山，毛泽东出席并发表演说。1940年5月26日，八路军总司令朱德从抗日前线回到延安，当天傍晚，延安军民在南门外操场上举行了欢迎晚会①。1945年7月，国民参政会黄炎培等六位参议员访问延安时，在民众教育馆举行了欢迎晚会，"唱欢迎歌以后，接着音乐，秧歌剧，话剧，到夜半十二时才散会。"②

毛泽东看演出

1937年的一天，丁玲领导的"西北战地服务团"出发前在延安举行汇报演出，演出话剧《王老爷》，丁玲在剧中也扮演了一个角色。因为她湖南腔很重，又没怎么化妆，许多观众都认识她，在台上刚一开口，台下就一片笑声，传遍了礼堂。毛泽东也赶来看戏，但来晚了，前门已经被观众挤得密密麻麻的，进不来。就想着从后台进来，再从前台跳下去就座。没想到团里刚建立了新制度，为了维持舞台演出秩序，规定在演出进行中，无论是谁都不能从台口上下，

---

① 茅盾：《延安行》，《新文学史料》，1985年第2期。
② 黄炎培：《延安归来》，重庆：国讯书店，1945年，第41页。

影响观众看戏。毛泽东不知道这个新规矩，团里的同志见到毛泽东从后台过来看戏，又高兴又感到为难，他们只好把新规定告诉毛泽东，问是否可以等戏闭幕时再到前台去。毛泽东听了立刻回答说："这个规定好！遵守你们的规定！"这时，礼堂里丁玲的台词和观众的笑声又响成一片，毛泽东忍不住问工作人员：我先不下去，站在台侧看看行不行？工作人员说：行！他们引毛泽东从侧幕的缝隙中静静地望着台上。就这样，毛泽东站在侧幕间看戏，一直等到这一场戏演完。①

1944年作为中外记者西北参观团成员的赵超构描述了毛泽东陪同他们观看戏曲晚会的情景：

> 戏早已上演了，他（毛泽东）非常有兴味地听，看，从始至终。对于"古城会"的张飞，对于"打渔杀家"中的教师爷，对于"鸿鸾禧"中的金老头，对于"草船借箭"中的鲁肃，他不断的发笑，不是微笑而是恣意尽情捧腹大笑。当演出张飞自夸"我老张是何等聪明之人"那一副得意的神情时，当教师爷演出种种没用的丑态时，当金老头在台上打诨时，他的笑声尤其响亮。②

王仲方回忆：

> 有一次在礼堂看京剧《打渔杀家》，礼堂只有一排排木头钉的长条凳子，大家挤在一起，当看到教师爷与肖恩对打，教师爷欺软怕硬、前倨后恭、丑态百出，惹得全场大笑，我也笑得前仰后合，不禁扶到前排人的肩上，那人回过头来笑着对我说："你看这教师爷像不像蒋介石！"我才发觉他是毛泽东。当时觉得很随便，并没有什么特别的感觉。③

---

① 刘益涛：《十年纪事——1937—1947年毛泽东在延安》，北京：中共党史出版社，2007年，第28页。
② 赵超构：《延安一月》，上海：上海书店，1992年，第65页。
③ 王仲方：《延安风情画——一个"三八式"老人的情思》，北京：中国青年出版社，2010年，第151、152页。

看电影

电影在延安时期还是非常新鲜的事情。当时只要是放映电影,总能引起大家最热情的期待。

延安时期的电影事业得到了毛泽东、周恩来等领导人的高度重视,也是在他们的关心、支持下不断发展起来的。1938年1月4日,毛泽东同张闻天致电时任中共驻新疆代表兼八路军驻新疆办事处主任的邓发,告以延安拟发展电影事业,请他设法募集全副摄影机和放映机,并配足底片五万尺和苏联新制影片的一些拷贝。

1938年4月,白求恩一行来到延安,并在这里看到了电影。这远远出乎他们的意料。

随行的加拿大护士尤恩·琼回忆:

> 有一天,党的宣传部给我们送来了电影票。这可是怎么一回事啊?这是真正的有声电影在这里首次公映!更由于电影又是在县衙门的院子里露天放映,全城因之陷入一片忙乱,人们奔走相告,既兴奋又期待。
>
> 医院放射科的辅助发动机被安在

1938年4月,毛泽东与白求恩大夫在延安观看苏联有声影片(白求恩精神研究会副会长李深清提供)

屋子的前廊，在对面空墙上的合适地方挂上了幕布。院内早已摆满凳子。天还远未黑，整个院子早已拥挤得连跳蚤也钻不进去了。院子四周的住户的主人还卖票给那些想站在他们屋顶上看的人。农民们也从四面八方赶来观看这一科学的最新奇迹———一部苏联制作的老片子。

放完电影，毛主席发表了简短的讲话，并且介绍了新来帮助治疗伤员的两位医生和一位护士。群众使劲地鼓掌，一个小战士还要求大夫们唱加拿大歌曲。于是白求恩大夫唱了一支《乔·希尔》。布朗还向大家介绍了乔·希尔是什么人（乔·希尔生于瑞典，1905年移居美国，成为美国工会活动家，1915年被害）。听众反应很热烈，有节奏地鼓掌致谢。①

黄华在回忆录《亲历与见闻》中描述道：

看电影在延安是稀罕事。苏联塔斯社在延安有一个十几人的联络组，约半年有一架小运输机来延安，往往带来一些电影片，如《夏伯阳》、《列宁在十月》等。为了看电影，全延安的干部学员都到杨家岭山坡下的广场集合，有的甚至要跑三四十里路。大家坐在土地上，等待天黑。发电机发动了，人们立刻非常安静。但往往在开映后几分钟片子就断了。在等待接片的片刻，各学校相互拉歌，歌声在延河边回荡，很热闹。片子接好了，大家又聚精会神地看电影。一会儿，片子又断了，再接，再放。电影往往看不到结尾就宣告结束。几个小时过去，兴致未尽，但大家也疲劳了，于是散场，各单位排队摸黑回去。②

---

① [加拿大]琼·尤恩：《在中国当护士的年月（1933年—1939年）》，北京：时事出版社，1984年，第92页。
② 转引自吴筑清、张岱：《中国电影的丰碑：延安电影团故事》，北京：中国人民大学出版社，2008年，第122页。

1938年9月,延安电影团成立时的合影

1938年8月,中共驻共产国际的代表王稼祥(后任八路军总政治部主任)从苏联带回电影放映机,同时还带了《列宁在十月》《列宁在1918》《夏伯阳》《祖国儿女》等一批苏联原文版影片。9月,延安成立电影放映队,余丰任队长。王稼祥从苏联带回来的35毫米便携式放映机和影片交电影放映队管理,并在延安开始放映。同时,延安成立了自己专门的电影摄影机构,即延安电影团,正式名称为"八路军总政治部电影团",成员有袁牧之和摄影师吴印咸、徐肖冰等。电影放映队和电影团,都隶属于八路军总政治部,由总政宣传部领导。

新中国电影事业的开拓者和奠基人袁牧之后来回忆:

延安电影团用伊文思赠与的摄影机为毛泽东拍摄电影

解放区开始有电影工作是在1938年秋季。在延安八路军总政治部领导下成立了电影团,下辖一个摄影团和一个放映队。当时技术人员很少,摄影队的六七个干部中,才只有三个电影专门工作者。

1939年1月,摄影队从延安出发到华北敌后,拍摄了第一部解放区的历史纪录片——《延安与八路军》。

1940年以后摄影队回到延安,在国民党反动派物资封锁下,继续拍摄了:《陕甘宁边区第二届参议会》《十月革命节》《边区生产展览会》《生产与战斗结合起来》等影片。这些影片都是在缺乏近代水电设备的困难条件下制成的。我们在放映无声片时,用留声机配音及扩大器说明的方法,来完成宣传任务,因为当时根本没有录音设备。①

1940年6月,延安电影放映队与电影团合并,分设摄影队和放映队。1942年5月成立陕甘宁晋绥五省联防司令部后,改称"联政电影团",由联政宣传部直接领导,直到离开延安。习惯上人们称为"延安电影团"。延安电影团先后拍摄了《延安与八路军》《南泥湾》《党的七大》等影片和电影资料。

1940年,周恩来伤愈后回延安的照片

延安初期没有礼堂供室内放映,只能露天放映,只要有个相对宽敞的场子就可以,观众自己带凳子,像延安南门外的体育场、大砭沟口、学校的操场都放映过电影。由于看电影人多拥挤,往往在第二天清晨,院子里满地都是挤掉的大大小小的鞋子,于是被人用大柳条筐装了摆在大门口,任凭失主领取。②

后来延安先后修建了八路军大礼堂、中央办公厅大礼堂、自然科学院礼堂以及女子大学礼堂、马列学院大礼堂,还有作家俱乐部、文化俱乐部、边

---

① 袁牧之等:《解放区的电影》,北京:中国电影出版社,1962年,第1页。
② 吴筑清、张岱:《中国电影的丰碑:延安电影团故事》,北京:中国人民大学出版社,2008年,第120页。

区政府俱乐部等，只要电影放映队没有离开延安，每到周末就轮流在这些礼堂里放电影。延安《解放日报》还会提前发布影讯。

延安电影团是在毛泽东、周恩来等的关怀、支持下成立的。周恩来还给予了非常具体的指导，电影团成立后，他不仅关心延安的电影拍摄，还分别从苏联和重庆给放映队带来两部电影放映机，并亲自为大家放映电影。据当时在延安学习和工作的王仲方回忆：

> 延安又确实放映过故事片，放映者就是周恩来。原来是周恩来1940年从苏联治伤归来，苏联共青团送给中国共青团（中国共青团抗日战争时改名西北青年救国联合会，由中共中央青年工作委员会领导）一套8毫米放映机和几部苏联电影胶片。中央青委在大砭沟青年俱乐部的平房里，请毛泽东、王明、博古、陈云、康生等领导人看电影，电源用的是发电报用的小马达。周恩来亲自放映，片子是俄文的，王明做翻译。一部片子是《列宁在1918年》，一部是《克隆斯达塔暴动》，还有什么记不清了。我当时在中央青委工作，有幸目睹了这场不平常的电影放映。由于周恩来技术不熟练，片子也常断，所以时断时续闹了大半夜，毛泽东在内所有的人都兴致勃勃，毫无倦意，直到放映完毕，已过半夜，可把周恩来累坏了。①

延安电影团自己拍摄的反映南泥湾开荒生产的影片，更是受到了大家的欢迎，毛泽东还为影片题了词。1943年2月4日，延安电影团摄制的纪录片《生产与战斗结合起来》（又名《南泥湾》）在延安首次放映。时任电影团摄影队队长吴印咸回忆：

> 《生产与战斗结合起来》在延安总政大礼堂举行首映式，这是根据地第一次放映我们自己拍出的电影，它轰动了整个延安古城。战士、干部、

---

① 王仲方：《延安风情画——一个"三八式"老人的情思》，北京：中国青年出版社，2010年，第54页。

延安电影团在拍摄电影的情景

老乡络绎不绝地涌入礼堂,有些人走了十几里山路赶来。当他们看到宝塔、延河,看到硕果累累,遍地花香的南泥湾,看到自己所熟悉的战士的脸庞,掌声、欢呼声便象春雷乍响,幸福的暖流在每个人心中流淌,延安的人们亲切地称它为"南泥湾"。①

时任延安电影团剪辑师的钱筱璋也描述道:

(《南泥湾》)片子出来以后,各处争先恐后地要求放映。影片是无声的,向鲁迅艺术学院借来留声机和唱片,又向别的机关借来扩大器,再配上手摇发电机,就到处放映。这些机器用几匹小毛驴驮着,走遍了陕甘宁边区。部队是一个团一个团地挨着放……当时延安的《解放日报》与重庆的《新华日报》,都发了消息。

每次放映时,通过扩大器向观众解说,我

---

① 吴印咸:《延安影艺生活录》,艾克恩主编:《延安艺术家》,西安:陕西人民教育出版社,1992年,第288页。

就搞过解说。解说词随时局的变化增减宣传鼓动内容。在部队放映完了，就有政委上台讲话，说：看人家三五九旅的劲头，我们也要赶上去，等等。
……

有一次，国民党的某代表团来延安，我们在边区参议会大礼堂放映《南泥湾》，搞得完全与有声电影一样，弄得他们很惊奇，延安还有电影？①

1944年7月，美国驻延安军事观察组也带来一台电影放映机和一些电影器材，为延安当地以及来延参观的人放映电影，美国田纳西流域工程、机械化耕种、工业生产等影片都很受欢迎，②其中还有美国卡通影片《流浪的金丝雀》《大胆的蛙》及幻灯片，颇具吸引力。时任美军观察组组长的包瑞德回忆：

有一次，几个从重庆来的重要人物访问我们时，带来了一台烧汽油的电影放映机。当我知道它是一部叫作"米老鼠"的动画片后，真感到无地自容。然而，共产党人却不关心那部电影是否好看，他们在一个仓库里，整夜一遍又一遍地放映。③

当时在鲁艺学习的刘旷也记述道：

当时，延安北关住了个美军观察组，有时驱车来桥儿沟接"鲁艺"的同志去跳舞、看电影。总务科的那些"小鬼"对着美国电影有极大的兴趣和神秘感，总要想方设法爬上车，钻进放映室偷看一场，那才是十分得意的事。④

---

① 钱筱璋：《关于影片〈南泥湾〉》，艾克恩主编：《延安艺术家》，西安：陕西人民教育出版社，1992年，第294、295页。
② [美]艾丽斯·M.比彻特、爱德华·D.比彻特：《有吉辛治回忆录》，南昌：江西教育出版社，1997年，第45页。
③ [美]D.包瑞德著，万高潮、卫大匡译：《美军观察组在延安》，北京：解放军出版社，1984年，第65页。
④ 刘旷：《美术摇篮的追念》，艾克恩主编：《延安艺术家》，西安：陕西人民教育出版社，1992年，第585页。

后来美军观察组把这些电影放映机和器材赠送给了延安电影团。

不仅在延安,陕甘宁边区各地也能得到巡回放映并看到电影的机会。当时放映电影是一种政治宣传工作。在放映电影前,会配合当地政府或部队工作的需要,通过文字或图片进行当前形势与任务、党的方针政策的宣传,介绍英雄模范人物的先进事迹。受电影制作和放映条件的限制,往往以无声电影居多,尤其是苏联电影没有翻译,电影放映队员还有一个任务,就是要在放映过程中利用扩音器给大家介绍故事情节、讲解人物对话。

有声影片的出现是在1944年,当年7月28日延安《解放日报》刊登消息:昨日(27日)延市大众戏院首次放映苏联有声影片《十三勇士》,观众极为拥挤。今日下午八时开映《南泥湾》《粉碎敌巢》两部影片,均系有声巨片。

1946年7月底,延安电影制片厂成立。由中共中央西北局宣传部领导,并成立了董事会,时任中共西北局书记的习仲勋兼董事长,陈永清任厂长兼党支部书记。9月,第一部故事片《边区劳动英雄》开拍,工作进行一个月后,自卫战争开始,不得不中途停拍。[1]

据粗略统计,延安时期放映的影片有二三十部。在丰富延安业余文化生活,以及宣传动员等方面,发挥了重要的作用。[2]

---

[1] 艾克恩:《延安文艺运动纪盛》,北京:文化艺术出版社,1987年,第696页。
[2] 吴筑清、张岱:《中国电影的丰碑:延安电影团故事》,北京:中国人民大学出版社,2008年,第130页。

延安交谊舞

延安是个神奇的地方，地方不大，却集聚和吸纳了海内外一批又一批有志之士。1943年12月，时任中央秘书长的任弼时在中央书记处会议上谈到，抗战以来，来延安的知识分子已超过了4万人。这些怀抱理想、向往自由、富有知识和青春朝气的文人群体，并不在意或者说很快就克服了生活上面临的困难，他们所追求的，是抗战报国的理想与信念，以及精神生活上的收获与充实。延安时期的交谊舞，就是当时丰富多彩文化生活中一道靓丽的风景。

说起延安时期的跳舞，不能不提到史沫特莱这个名字。这位以德国《法兰克福日报》记者身份来到中国的美国人，本来就性情豪放，到了延安这个不一样的红色土地，更感到一种思想的解放，也正是她的动员与积极鼓动，延安的黄土地上率先由最高领导人员开风气之先，兴起了跳舞的启蒙活动，并由此带动了各机关、学校以及文化团体等人员的纷纷参与和响应。

史沫特莱这样描述动员朱德等人跳舞的过程：

在延安召开的一次高级军事干部会议期间，我试着教他们一些人如何跳舞，他们勤奋好学每事必问，不怕丢面子。朱德同我破除迷信，打开了交际舞的场面。周恩来接着也跳了起来，不过他跳舞像一个人在演算一道数学习题似的。彭德怀喜欢作壁上观看，但不肯下来跳一次舞。贺龙在青砖铺的地上随音乐旋律一起欢跳，他是身上唯一有节奏感的舞师。①

---

① [美]史沫特莱著，袁文、买树榛、袁岳云译：《史沫特莱文集1》，北京：新华出版社，1985年，第159、160页。

史沫特莱语带欣赏地对朱德赞叹道:

1937年,毛泽东、朱德在延安接受艾格尼丝·史沫特莱(右1)采访

  在这友好欢乐的悠闲时刻里,我经常邀大家排成一队,教他们跳弗吉尼亚土风舞。世界上没有任何东西可以阻止朱将军参加,他和舞伴们旋舞起来,而且按照一、二、三的拍子,好像刚参加阅兵式的新兵一样,踢得尘土飞扬。我把自己所知的土风舞倾囊相授后,他要求我教西方式的交际舞,我也教了。

  他跳舞和他工作一样,孜孜不倦,似乎觉得这也是打破旧中国封建传统的方法之一。虽然很喜欢跳,可是他无论如何也不像他的下属贺龙将军那样,没有那种与生俱来的名跳舞家的才华。①

---

① 武原、曹爽:《外国人眼中的中共群星》,成都:四川人民出版社,1991年,第207、208页。

要知道，面对还是一片文化荒漠的陕北黄土高原，即使随着中央红军的到来，特别是大批知识分子的熏染与引领，人们的观念转变还要有一个过程，更不用说男女一起相携共舞了。史沫特莱也记录了所面临的这种尴尬：

  在延安的妇女中间，我赢得了败坏军风的恶名，人言可畏，群情侧目，以致有一回朱德邀我再教他跳一次舞时我居然谢绝了他。他指责我怕事，说道："我同封建主义斗了半生，

翩翩起舞

现在还不想罢休!"我只好站起来以民主的名义和他跳了一次。①

美军观察组在王家坪桃园参加舞会

延安舞会有时还作为工作安排的一个组成部分,承担着政治和宣传功能。1944年8月1日,杨家岭俱乐部为纪念"八一"建军节举行了跳舞晚会,专门邀请西北局、王家坪、中央党校、中央医院、管理局等各机关学校参加,人数达300余人。1945年5月5日,延安《解放日报》社举行盛大舞会,庆祝解放柏林。1945年5月11日,朱德、林伯渠等邀请苏、美、英盟国留延人士参加宴会,毛泽东亲临致贺。当晚,举行了盛大舞会。

---

① [美]史沫特莱著,袁文、买树榛、袁岳云译:《史沫特莱文集1》,北京:新华出版社,1985年,第160页。

作为活跃文化生活的有效载体，有关文化团体还组织了跳舞班等兴趣团体，动员和组织大家开展跳舞活动。1941年6月2日延安《解放日报》刊登了招生启事："本部为活跃文化生活，研究跳舞技术，建立跳舞班。请黄正光、马海德、夏静等同志指导。学习时间暂定每星期六晚饭后，名额暂定六十名。愿参加者请持机关或学校俱乐部介绍信，于六月三日起至十日止来文化俱乐部报名。"6月14日，文化俱乐部跳舞班成立。开学时，学员人数远超当初规定的六十个人，达一百多人。

跳舞活动一般在周末举行，只要是青年人集中的地方，就会有舞会，比如抗大、陕公、马列学院、女子大学、鲁艺等。因为举办舞会要乐队伴奏，这样一来，作为当时培养艺术人才的鲁迅艺术学院就具有了最大的优势，同时也吸引了延安不少机关单位的人员参加。当时在延安，鲁艺、马列学院是青年知识分子最集中的地方，也是舞会最流行的地方。鲁艺既有音乐系又是文艺青年最多的单位，而且女生是最受欢迎的舞伴，几乎每个周末都有交际舞会，"包括毛泽东、周恩来在内的中央领导人和到延安的一些国际友人，也时常来鲁艺跳舞。"① 马列学院在蓝家坪，那里的"周末舞会是别具特色的，校园里沙平草软，成了最好的露天舞场。同学们在这里跳交际舞、集体舞、秧歌舞。有音乐小组用提琴、二胡等中西乐器伴奏。更别致的是跳舞的同志大多穿着草鞋，打着绑腿，有些同志的草鞋上还缀着两个鲜红耀眼的绒球。"② 从晋察冀前线回来担任抗大文工团副团长的欧阳山尊一开始对跳舞不习惯，后来就慢慢习惯了，而且自己也参加跳了。不过他每次参加舞会时，总是要打绑腿、系皮带，军风纪整齐。在紧张的工作之余，周末舞会成为人们放松的主要生活方式之一。

1946年4月，因不愿参加国民党当局所进行的内战，驾机来到延安起义

---

① 王培元：《延安鲁艺风云录》，桂林：广西师范大学出版社，2004年，第56页。
② 王禹明：《回忆几个片段——怀念蓝家坪》，吴介民主编：《延安马列学院回忆录》，北京：中国社会科学出版社，1991年，第180页。

的原国民党空军机长刘善本也描述了他所亲历的延安舞会：

> 在延安每一个星期六和星期日晚上，照例是有几处跳舞晚会的。在我的印象里，好像每个延安住的人都会跳舞似的。像在美国一样十来岁的女孩子、男孩子，都在跳舞，六十岁的老头子老太太也在跳舞。绝不像上海的跳舞，在一般人都认为是有钱的浪荡子弟玩的事。这里也绝没有军人不准进娱乐场的条例。给你送茶捧水果来的人，转身也去找女同志跳舞。新华社的汽车司机，跳舞最漂亮，认识的舞伴也最多。就连我现在也跳得差不多了呢！①

马海德、苏菲夫妇在延安

曾以美军观察组成员身份在延安生活了数年的包瑞德回忆：

> 我们常常被邀请到称作"梨园"的果树林里去跳舞。一些对延安的每一件事多感到新奇的记者很乐意参加这样的舞会。延安很难找出能够演奏舞曲（即使演奏极差

---

① 刘善本：《这里的人情是温暖的——刘善本空军上尉广播词》，《解放日报》，1946年8月14日，第4版。

的音乐家，因此我们大都是伴随着在破旧的留声机上转动的唱片发出的噪音而翩翩起舞……毛泽东和其他共产党领导人总来跳舞。毛泽东穿着白衬衫，黑裤子，没穿制服。他和其他客人一样，平等地站在队伍里，准备接受领头的姑娘的要求。姑娘们大部分梳着垂在背上的长辫子，那个领头的姑娘以标准的邀请方式对毛泽东说：主席，请和我一起跳舞。①

不可否认，通过举办交谊舞会，还有着一层现实的考虑，那就是帮助青年男女特别是大龄男女解决婚姻问题，为他们提供交流的平台。如大名鼎鼎的马海德医生，就是在鲁艺的舞会上追到了心上人——鲁艺的学员苏菲。

更有趣的，则是属于本无心栽柳却因跳舞而成就了的好姻缘。鲁艺文学系主任何其芳刚到延安时根本不会跳舞。他1939年7月初从前方回到鲁艺的时候，正赶上担任文学系主任的萧三提倡跳舞。何其芳虽然对此有些看不惯，但后来也慢慢转变态度，走进了鲁艺的舞场。开始的时候，何其芳只是和文学系的几个男同学学着跳一跳，一遇到某些女舞伴的潇洒自得的目光，便腼腆得手足无措。在后来的一次周末舞会上，大家特意给何其芳找了一个同样有些腼腆的女舞伴，她就是文学系第三期的女同学牟决鸣。大概是心有灵犀吧，过了一段时间，两个人居然能够配合默契，可以在舞场里进退自如地翩翩起舞了。后来，何其芳和牟决鸣由师生发展成为夫妇。1942年7月一个周末的晚上，他们和周立波、林蓝两对新人，在一孔窑洞里同时举行了婚礼。大家拉着琴、唱着歌，吃着陕北的大枣和瓜子，向两对新人表示诚挚的祝福。② 应该说，他们能够结成美好姻缘，还要感谢延安的舞会呢。

---

① [美]D.包瑞德著，万高潮、卫大匡译：《美军观察组在延安》，北京：解放军出版社，1984年，第65页。
② 王培元：《抗战时期的延安鲁艺》，桂林：广西师范大学出版社，1999年，第65、66页。

文化俱乐部

1937年1月,随着中共中央进驻延安,延安的各类文化社团和文艺团体也纷纷成立。最早的当然是1936年11月在保安成立的中国文艺协会,该协会是陕甘宁边区第一个抗日文艺社团,1937年1月迁到延安。此后,"边区文协""边区音协""边区文联""延安文抗""延安美协""边区剧协"等各类文艺协会相继成立。与此同时,战歌社、抗战文艺工作团、路社、边区诗歌总会、山脉文学社、鲁艺文艺工作团、文艺月会、新诗歌会、鲁迅研究会、怀安诗社、延安作家俱乐部、延安诗会、小说研究

延安文化俱乐部

会等文艺社团也纷纷成立并开展活动。

1940年3月底，为广大文化界人士提供活动平台的延安文化俱乐部成立，由边区文协领导，俱乐部主任由萧三担任，陈明负责日常工作。据《文化俱乐部简章》所拟定的宗旨，主要是"促进文化活动，提倡文化娱乐，联络感情"。

文化俱乐部坐落在延安城北门外的大砭沟，这是延安城郊最大的一条山沟。这里有西北青年救国联合会、东北救亡总会、军委编译处、泽东青年干部学校、民族学院、西北文工团、青年俱乐部、中山图书馆等单位，因为文化单位相对集中，文化生活活跃丰富，大砭沟后来就改称"文化沟"。

延安时期出版的《大众文艺》报道：这里面有丰富的书报，有精致的会议室、阅览室、休息室等，有最新式的装置和家具。①依托文化俱乐部组织的主要活动有：

1. 举办各种展览和纪念活动，为各种文化团体提供活动场所，成为延安文化活动的中心。如文抗举行茶话会欢迎茅盾，鲁迅逝世四周年纪念大会和展览会。

2. 筹建各种文艺社团，积极开展群众文化活动，发展革命文艺。1940年9月，发起组织延安合唱团。1941年5月，发起组织延安业余剧团，创办延安星期音乐学校。1941年6月，创办了跳舞班，请马海德等人教授舞蹈。与边区音协联合创办了延安乐队，与边区剧协联合创办戏剧导演研究班和戏剧理论讲座。1940年10月，发起组织了延安诗会。

3. 配合政治形势、重大节日和各种纪念日，举办各种群众性文化娱乐活动和纪念会、报告会。

1941年7月1日，为庆祝中国共产党诞生20周年，文化俱乐部在王家坪桃林举行了诗歌朗诵、跳舞、音乐等丰富多彩的纪念活动；1942年元旦，举办了跳舞、音乐、朗诵、清唱等活动，还结合国内外形势，请柯仲平做了题为

---

① 《大众文艺》，1940年第1卷第1期。

《太平洋问题》的报告,吴敏做了《1941年中国的各角落》的报告。

1942年春节期间,延安文化俱乐部把2月15日定为"泽东日",张如心、徐特立、萧三等分别做主题报告。4月14日,是苏联诗人马雅可夫斯基逝世12周年纪念日,延安文化俱乐部和延安诗会举行纪念会,数十位诗人和诗歌爱好者出席。①

延安文化俱乐部活动情景

为了扩大文化俱乐部的影响,吸引更多的人参加,文化俱乐部还成立了许多的文艺社团和兴趣班,举办春季茶会、夏季茶会、报告会、音乐晚会、跳舞晚会等。

1940年5月,延安青年大合唱团成立。9月27日,又成立了延安合唱团,延安青年大合唱团与延安合唱团合并,由文化俱乐部领导,时乐濛为团长。参加者有机关干部、工人、学生和延安市民,由边区音协派人指导并组织训练。合唱团利用业余时间,学习音乐知识,练习合唱,推动了边区歌咏活动的开展。1941年8月31日,在边区银行礼堂又成立了延安合唱团第二团。

---

① 肖效钦、钟兴锦:《抗日战争文化史》,北京:中央党校出版社,1992年,第119、120、121页。

延安星期音乐学校是延安文化俱乐部与边区音协联合组织的业余音乐教育机构，1941年5月25日成立。鲁艺教师向隅为校长，其他负责人有金紫光、时乐濛、汪鹏、任虹等。该校利用星期日授课和演唱、演奏。学校下分指挥、识谱、口琴等班次，学习时间两个月。除系统讲授音乐知识外，还举办演唱会、演奏会、联欢会。学校先后办了两期，毕业学员200余人，出版《星期音乐》杂志10多期，还组织了多次晚会。

1941年5月4日，延安业余剧团成立，由延安文化俱乐部领导，缪正心、陈明先后担任团长，金紫光为副团长，团员多是各机关团体学校的戏剧爱好者。排演剧目主要有《人约黄昏后》《祖国进行曲》《新木马计》等。6月14日，文化俱乐部跳舞班开学。12月6日，成立了摄影小组，邀请著名摄影艺术家总政郑景康、电影团吴印咸负责指导。

延安星期音乐学校

文化俱乐部开展的文化活动各具特色。为纪念国际青年节，1941年文化俱乐部于9月1日举行了乒乓球比赛；2日晚举行跳舞会；4日晚举行音乐歌舞晚会；5日晚举行跳舞会；6日与市青联、音乐学校举行联合晚会。3日至7日与市青联合作，做青年问题的报告。1942年1月4日，文化俱乐部举行诗歌晚会。1942年2月10日是被称为"俄罗斯之父"的著名诗人普希金逝世105周年纪念日，延安艺术家们在文化俱乐部举行纪念大会，参加者有萧军、艾青、萧三、柯仲平、高长虹等百余人。1942年9月，为加强艺术宣传，开展街头文娱活动，延安文化俱乐部特在文化沟口建立街头艺术台，展示"街头画报""街头诗""街头小说"三种大型墙报。印度援华医生巴苏华在抗战期间，拍摄了大量照片，延安文化俱乐部还展出了他在前线拍摄的照片500多张。[①]

1941年1月9日至12日，文化俱乐部举办了"鲁艺美术工场首次展览会"。当时展出的有木刻、绘画、雕塑及其他美术作品一百余种，陈列在三个大窑洞里。在展览的四天时间里，参观者络绎不绝，众口赞誉。鲁艺教师胡蛮在1月16日《新中华报》上撰写了文章《介绍鲁艺美术工场的创作》，对这次展览会作了全面的评价[②]。

艾克恩主编的《延安文艺运动纪盛》记述了延安文化俱乐部开展活动的片段，其影响和效果可见一斑：

> （1941年）5月25日音协与文化俱乐部合办的"星期音乐学校"开学，学员达180余人，分指挥、识谱、口琴等班次。向隅等同志分任教授，学期暂定两月，并办校刊《星期音乐》。文化俱乐部组织延安业余剧团。缪正开为团长，金紫光为副团长，陈波儿任导演。后陈明任团长。剧团有数十人参加。

---

① 王雁：《柯棣华、巴苏华：沙飞照片背后的故事（3）》，http://blog.voc.com.cn/blog_showone_type_blog_id_107119_p_1.html.

② 钟敬之：《记鲁艺美术工场》，孙新元、尚德周编：《延安岁月》，西安：陕西人民美术出版社，1985年，第413、414页。

5月31日,延安新诗会与文化俱乐部为纪念爱国诗人屈原召开座谈会。到会约200人。

6月14日文化俱乐部跳舞班成立。

……

(1942年)1月4日文化俱乐部举办诗歌晚会,到会数百人。由艾青、柯仲平、高长虹、公木、孙剑冰、李方立、朱子奇、侯唯动、肖三等朗读中外新旧诗作,杜矢甲等引吭高歌,情绪热烈,深夜始散。[①]

当时在八路军政治部文艺室工作的公木回忆起他们在文化俱乐部组织的专为欢迎艾青、厂民(严辰)等人而召开的诗人联谊会,充满了现场感:

> 在那宽敞的硷畔上,搭起了用松枝、青草和野花连缀成的凉棚,摆了几张白木条凳,破例的是有大碗茶喝,还有可以大把抓着吃的陈年窝瓜子和葵花籽。会议由延安诗会会长又是文化俱乐部主任的萧三同志主持,对不久前由重庆来延安的诗人敬表欢迎的热忱。大家听他们自述来延途中的经过,怎样化装成国民党高参和秘书,闯过了四十七道检查哨卡,真像一部传奇。在笑声中,流露出一种亲人团聚的情绪。[②]

[①] 艾克恩:《延安文艺运动纪盛》,北京:文化艺术出版社,1987年,第252、253、259、304页。
[②] 公木:《540天的延安生活——军直政治文艺室活动纪实》,汤洛,等主编:《延安诗人》,西安:陕西人民教育出版社,1992年,第18页。

延安的体育活动

延安群众性的体育活动有着优良的传统。党中央1937年1月进驻延安，当年的"五一""八一"节就分别举办了抗战动员运动会。1939年7月，中央青委设立了青年俱乐部，专门负责组织延安市军民的体育比赛活动。为了改善延安群众的体育运动条件，边区政府还在延安修建了运动场，增添了很多体育设施。

朱德总司令不仅高度重视群众性体育工作的开展，更是身体力行，利用点滴时间和大家一起参加体育锻炼。据曾在延安学习的于午中描述：1937年初，他在延安红军大学四队学习，住在延安师范学校的旧址。校内有一个小篮球场，非常简陋，篮圈上没有篮网……每天晚饭后，许多篮球爱好者都涌到球场来。朱德和大家一样，除特殊情况外，几乎每天必到。由于打球的人太多，球场又只有一个，只好采取排队报数来分班的办法。朱德也和大家一样，站在球场外排队等着，轮到自己就上场，从不搞特殊。①

为促进群众体育活动的开展，1940年5月4日，又成立"延安体育会"，李富春担任名誉会长，主要任务是"积极组织和推动各机关、部队、学校及工厂的群众性体育活动，增强体质，提高工作、生产和学习效率，以便战胜日本侵略者。"体育会有一定的活动经费，并在技术指导、器材设备等方面对各单位提供支持和帮助。1942年1月25日，在杨家岭军人俱乐部，由朱德、吴玉章等人发起的延安新体育学会成立，朱德参加了学会的成立仪式，并担任名

---

① 于午中：《朱总司令的球风》，《中国青年》，1985年7月。

1
2

1. 战士们打排球

2. 1938年,延安举行五四运动会,抗大和鲁艺篮球队举行友谊赛。图为赛后两队合影

誉会长。学会工作主要包括两个方面，一是在延安各机关、学校、工厂、部队广泛开展各种体育竞赛，如夏天开展游泳比赛，冬天开展滑冰比赛，春秋季则组织各种球类比赛活动等，二是开展体育理论的研究。

延安时期的体育活动也是和抗战斗争密切联系的，不仅仅是为了增强民众的体魄，使大家更好地投入工作，同时也是为提高大家的军事技能，提升战斗意志。1937年8月1日，毛泽东出席在延安召开的陕甘宁边区第一届抗战动员体育运动大会，并发表演说，他号召同志们准备出发到河北去，到抗日的最前线去，把我们这里的方针与办法带到全国各地去，把我们的决心带到抗日最前线去。8月6日，抗战动员体育运动大会闭幕，毛泽东在闭幕词中提出，要努力学习军事体育来武装我们的手足，学习政治来武装我们的头脑。1942年9月12日延安《解放日报》第二版刊发的报道稿《创造贺龙投弹手、神枪手——略记王震旅的体育活动》，既反映了三五九旅的军事训练情况，也是对他们举办体育活动的情况介绍。1943年发布的《陕甘宁边区战时教育方案》规定，学校的体育课应当增加简单的军事训练，学习侦察、通讯、放哨、站岗、坚壁清野、埋地雷等作战技能，培养迅速敏捷、机动灵活的生活习惯，使教员和年龄较大的学生具备最低限度的自卫能力。部队更是把军事训练与体育锻炼相结合，投弹、射击、刺杀等训练课目同时被列为军队最重要的体育项目。《边区国民教育实施办法》也明确要求体育教学和课外活动必须与军事化训练相结合。

延安时期，各单位的群众性体育活动开展得如火如荼。中央党校成立了篮球队、足球队、排球队，1941年还扩建了一个大的运动场，设有篮球场、排球场、足球场，还有单杠、双杠、木马、跳高和跳远的沙坑。其中，篮球架、排球架、足球门、单双杠、木马等体育器材，都是由自己设计制作。他们还利用延安的石头打了石锁、石盘。两个石盘当中穿一根桦木杠子，就成为石担，是很好的练习举重的工具。"儿艺"（延安青年艺术剧院附属儿童艺术学园）每周有两个下午进行强制性锻炼，或在青年运动场进行活动，或到距青艺500

米的延河游泳。1942年8月,自然科学院举办运动会,全院280多名师生中有180多人参加了田径和游泳比赛。当时还发起了"十分钟运动"的倡议,动员大家每天拿出10到15分钟的时间做运动。《八路军军政杂志》还介绍了关于垒球、小足球、克拉克球的规则。

延河也成了天然的运动场所。冬天,大家把日本飞机轰炸延安后遗留的弹片改造一番,制作成冰刀,在延河上滑冰;夏秋季节,则敞开游泳。球类运动则是延安业余体育活动最主要并且参加人数最多的项目,几乎各个单位都有业余篮球队、排球队,有的还组成足球队。美国友人马海德晚年回忆延安时期的体育活动时说:

1942年9月1日,延安最大的一次体育盛会开幕仪式

大雨中游泳决赛

　　每天，当太阳从东方升起，战士、学生、工人和机关干部都成群结队地跑步，做集体操。午间，篮、排球场上总有排成长龙似的队伍，大家轮流换班打球……夕阳西下，吃过晚饭后，山坡沟渠和延河两岸就更热闹了，球场上，空地上都是锻炼的人群，还有许多人在跳集体舞蹈，做集体游戏。"①

　　日本工农学校还把打棒球列为主课。棒球的器具都是自己动手做。当时宝塔山下延河的河滩地特别宽敞，尤其是离开河的主流向西的新市场方向那

---

① 马海德：《忆延安时期的体育生活》，《新体育》，1980年第8期。

边河水很少，几乎总是干的河滩地。他们就把那里的小石块捡走，修了一块很宽敞的棒球场地。日本工农学校的学员还应邀教八路军练习柔道。①

体育活动不仅丰富了体育参加者的生活，也丰富了广大延安群众的业余生活。每逢重要的球赛，热心的群众都从延河两岸拥向球场，球场边上的山坡成了很好的看台，大家纷纷为两边的选手叫好加油。

1942年9月1日，延安最大的一次体育盛会正式开幕，运动会同时也是为了纪念国际青年节，因此叫做"国际青年节扩大运动会"，朱德亲自担任筹备会长和大会会长。

运动会历时六天，1766名运动员中，既有延安

女子赛跑

---

① [日] 香川孝志：《在延安学习和实践的日子里》，刘昌亮主编：《魂牵梦绕忆延安》，北京：中共党史出版社，1994年，第149页。

中央机关、陕甘宁边区政府机关、延安各学校和各部队的代表,也有"三边"(安边、定边、靖边)、绥德、米脂、延川、志丹等地区及晋西北地区的部队运动员。运动项目既有田径、游泳、射击、投弹、爬山等23个比赛项目,也有骑术、秧歌等表演项目。

田径、球类、投弹、拔河等比赛项目在青年运动场进行。游泳比赛场地则选在新华社、解放日报社所在地清凉山山脚下的一段延河里。这里河床很宽,水深都在一米以上,便于组织游泳比赛。

1942年9月5日延安《解放日报》第二版报道:9月4日的游泳虽然是在大雨中进行,但丝毫不影响运动员们的比赛热情。报纸还公布了大会的成绩记录,其中运动会军事比赛项目中百米跨越障碍最高记录是24.9秒,掷手榴弹最高记录为53.5米。

为开好这次运动会,延安各机关、学校、工厂和部队纷纷开展了选拔比赛,选拔参会运动员。八路军总司令朱德亲自主持了运动会闭幕式,并给各组的冠军发奖。这种广泛参与、其乐融融的场景,正是延安时期业余体育活动的生动写照。

南泥湾开荒

南泥湾

贺敬之 词　马可 曲

花篮的花儿香，听我来唱一唱，唱一（呀）唱；

来到了南泥湾，南泥湾好地方，好地（呀）方。

好地方来好风光，好地方来好风光；

到处是庄稼，遍地是牛羊。

往年的南泥湾，到处是荒山，没人（呀）烟；

如今的南泥湾，与往年不一般，不一（呀）般。

如呀今的南泥湾，与（呀）往年不一般，不一（呀）般；

再不是旧模样，是陕北的好江南。

陕北的好江南，鲜花开满山，开满（呀）山；

学习那南泥湾，处处是江南，是江（呀）南。

又学习来又生产，三五九旅是模范；

咱们走向前，鲜花送模范，鲜花送模范！

提起南泥湾开荒，人们首先会想起这首脍炙人口的歌曲《南泥湾》，也自然会想起三五九旅在南泥湾大生产运动中的不凡经历。

而要说到南泥湾开荒，就不能不从1939年初党中央在延安召开的一次会议说起。

随着抗日战争进入相持阶段，由于日寇对抗日根据地不断采取"蚕食"政策，国民党当局也掀起了一系列针对共产党领导的抗日根据地和八路军的摩擦事件，肆意破坏抗日民族统一战线，陕甘宁边区和敌后各抗日根据地在经济上日益困难。为此，中共中央决定依靠自己的力量，开展生产运动，克服经济困难。1939年2月2日，中共中央在延安召开了面向党政军的生产动员大会，毛泽东在会上发出"自己动手"的号召。由此，从中共领袖到普通工作人员、从各级党政群机关到部队学校，都有了生产任务并普遍地开展生产运动。

陕北好江南——南泥湾

南泥湾，位于延安东南45公里处。这里森林繁茂、土壤肥沃、水源充足，历史上曾是人烟稠密的地区，后因清朝政府制造回汉民族矛盾并镇压回民起义，再加上民国后军阀横行，土匪劫掠，老百姓纷纷逃离家园，该地区也因此成为一片荒山野岭。

1940年夏，"陕甘宁边区森林考察团"[①]负责人乐天宇在《陕甘宁边区森林考察团报告书》

[①] 陕甘宁边区森林考察团，由中财部光华农场技术员江心、自然科学研究院采集员郝笑天、自然科学研究院采集员曹达、边区农校农场林垦员林山、边区农校事务员王清华组成，由乐天宇带队。

中，详细描述了陕甘宁边区森林分布及地质土壤情况，同时，建议开垦南泥湾以增产粮食。不久，中央财政经济处处长邓洁专门找乐天宇了解南泥湾的详细情况，并要他分别向毛泽东和朱德当面汇报。为此，乐天宇、邓洁、王震等多次陪同朱德踏勘南泥湾。考虑到南泥湾处于延安的南大门，地理位置也十分重要，朱德总司令便决定把南泥湾确定为部队的屯垦之地，并调八路军一二〇师三五九旅进驻南泥湾。

1940年底至1942年8月，三五九旅指战员在"一把镢头一支枪，生产自给保卫党中央"的口号下，先后分四批由绥德警备区开进南泥湾。①刚到南泥湾

1939年2月，中共中央在延安召开生产总动员大会

① 1940年12月初，三五九旅七一七团从绥德出发，首先到达南泥湾。1941年3月12日，三五九旅直、七一八团、四支队、特务团抵达南泥湾。1942年8月，七一九团开进南泥湾。部队分别驻临镇（七一七团）、马坊（七一八团）、九龙泉（七一九团），四支队驻南泥湾，后移驻延安，特务团驻金盆湾、马坊，旅部驻金盆湾，共11958人。

1942年4月,贺龙(右4)、王震(右2)等人踏勘南泥湾

的时候,他们面临着极大的困难。南泥湾号称"烂泥湾",这里人烟稀少,荒草丛生,时常还有野兽出没。没有生产工具,就组织部队中曾经做过铁匠的战士带领大家自制农具。没有住的地方,就自己搭建草棚,挖窑洞,为了防止野兽袭扰,有的战士索性就住在了树上。

三五九旅指战员们披荆斩棘,耕耘种植,在艰苦的条件下组织生产,并开展劳动竞赛,开荒进度不断加快。开荒初期,他们给开荒小组分工,轮流上山,人休息镢头不休息。为了尽快解决农具缺乏这一困难,他们派人在距临镇不远的宜川的山沟里,找到两口有千斤重的破铁钟;还派人从黄河偷渡到日军占领区的火车站把敌人的钢轨锯成小段,用毛驴驮回来。没有炼铁师傅,就从金盆湾找来从外地逃荒到此的铁匠,请他与连队的铁匠一起打制镢头、锄头、斧头和犁铧叶子。通过多方面的努力,三五九旅达到了"每人一把镢头、一把锄头,每连八头耕牛(驴)、四张犁"的要求,解决了农具缺乏的困难。王震旅长让人专门给自己打造了一把大号镢头,走到哪里,干到哪里。时任旅副政委的王恩茂总结三五九旅的开荒经验时说道:"我们的口号是,全体参加生产,不让一个站在生产战线之外。干部以身作则,不是指手画脚,而是动手动脚。上至旅长,下至伙夫,一律参加生产。"在广大干部的带领下,三五九旅开展了普遍的劳动竞赛,七一八团的一位班长李位,曾创造出一天开荒 3.76 亩的最高记录,

1940 年底至 1942 年春,三五九旅指战员奉命先后分四批由绥德警备区浩浩荡荡开进南泥湾

但很快就被七一九团的刘顺清以4.11亩的新记录打破。涌现出一批"气死牛"的劳动英雄。

该旅七一八团团长陈宗尧和政委左齐身先士卒，还受到毛泽东的表扬。1943年5月26日，毛泽东在延安干部会议上曾动情地说：

> 陈宗尧同志是八路军的团长，他率领全团走几百里路去背米，他不骑马，自己背米，马也背米，全团指战员为他的精神所感动，人人精神百倍，无一个开小差。左齐同志是该团政治委员，他在战争中失去了一只手，开荒时他拿不起锄头，但在营里替战士们做饭，挑上山去给战士们吃，使得战士们感动到不可名状。①

八路军第三五九旅旅长王震主持召开会议

① 《关于共产国际解散问题 毛泽东同志作详尽报告》，《解放日报》，1943年5月28日，第1版。

1. 背粮的三五九旅指战员趟过冰还未消的河流
2. 屯垦南泥湾

毛泽东号召全体党的干部,"学习这两位同志的精神,和广大群众打成一片。"他说,只有这样艰苦奋斗,"我们就一定会胜利。"在艰苦的年代里,正是靠这种领导带头,上下一致,艰苦奋斗的精神,才保证了南泥湾屯垦乃至整个大生产运动的成功。

三五九旅指战员创造出许多成功的劳动经验,如"火攻""大包围""中间突破"等劳动技巧;在北国黄土高原的土地上种植南方的水稻;以入股的方式号召妇女开展生产;等等。延安《解放日报》报道:"最近旅长又号召全旅女同志积极生产,做工的有工资,带孩子的生产赚来的钱全归自己享有。一年的劳动每人都该生产出几万元,或投入合作社,按时分红;或用作资金,扩大生产。"这应该是股份制概念在延安时期的最早运用吧。

经过两年辛勤的劳动,三五九旅取得了可喜的成绩,在南泥湾开荒生产的第二年,就"建筑了千余个平整光洁、舒适宽敞的窑洞,开垦了一万一千亩的荒地,种植了粮食、蔬菜和棉麻……""全旅收细粮五千四百五十一石,蔬菜十万斤,瓜五万个,养猪一千八百一十九头,鸭七百四十三只,并且还在秋收之后,准备了冬季用的木炭和柴……"三五九旅成为"执行朱总司令屯田政策的模范。""'南泥湾政策'成为屯田政策的嘉名"。①

1942年,毛泽东为延安电影团摄制的纪录片《生产与战斗结合起来》(又名《南泥湾》)题词:自己动手,丰衣足食

1942年4月中旬,朱德在八路军一二〇师师长贺龙、三五九旅旅长王震的陪同下,视察了南泥湾农场及工厂,面对昔日的"烂泥湾"旧貌换新颜,由衷赞叹:"南泥湾为陕北的江南"。②

1942年春,为了宣传三五九旅的开荒事迹,延安电影团前往南泥湾拍摄大生产运动的场景。为增强影片的感染力,电影团特意邀请毛泽东为影片题写"自己动手,丰衣足食"的题词,并拍下了毛泽东题词的全过程。1943年2月4日晚,这部名为《生产与战斗结合起来》(又名《南泥湾》)的纪录片在王家坪军委礼堂举行首映式。1944年春节期间,延安电影团到边区各地巡回放映电影,其中尤以纪录片《南泥湾》最受欢迎。每次放映,大家看到宝塔、

---

① 《推行总司令屯田政策 三五九旅制定计划》,《解放日报》,1942年12月12日,第1版。
② 《朱总司令视察南泥湾农场工厂》,《解放日报》,1942年4月23日,第2版。

1
2

1. 这张照片是1943年10月下旬毛泽东视察南泥湾时拍摄的
2. 于蓝、蒋玉衡演出《挑花篮》，著名歌曲《南泥湾》，就是这一秧歌舞中的一段歌曲

延河，看到硕果累累、遍地花香的南泥湾，看到自己熟悉的战士的脸庞，便掌声、笑声、欢呼声不断。①

1943年1月14日，中共中央西北局高级干部会议表彰了领导经济建设成绩卓著的领导人王震、习仲勋等22位劳模。毛泽东给王震题词："有创造精神"，给三五九旅的题词："发展经济的前锋"。

三五九旅在南泥湾开荒取得了巨大的成绩。短短几年时间里，官兵共开垦荒地26万亩，产粮3.7万担，建立了纺织厂、毛纺厂、缝纫厂、鞋厂、肥皂厂、造纸厂、瓷器厂、铁工厂、木工厂、皮革厂等十几个工厂。1943年10月下旬，毛泽东同任弼时、彭德怀到南泥湾视察三五九旅屯垦情况。在三天的时间里，毛泽东深入部队驻地，了解战士们的生产和生活情况。他幽默地对战士们说："国民党要困死我们，饿死我们，它越困，你们越胖了。看！困得连柳拐病都消灭了。"毛泽东指出："困难并不是不可征服的怪物，大家动手征服它，它就低头了。大家自力更生，吃的穿的用的都有了。目前我们没有外援，假定将来有了外援，也还是要以自力更生为主。"②

作为大生产运动中的一面旗帜，三五九旅开发南泥湾的壮举也带动了其他单位。一时间，南泥湾农场林立。陕甘宁边区政府建设厅在南泥湾设置了垦殖办事处，组织安排各单位和安置外来难民前往开荒。在南泥湾开办农场的还有中央党校、中央组织部、中央西北局、中央管理局、陕甘宁边区文协、延安大学、泽东青年干部学校、后勤经济部、八路军炮兵学校等18个单位。南泥湾因此成为陕甘宁边区部队、机关、学校开展轰轰烈烈大生产运动的重要基地。

1943年3月12日，春节过后不久，延安文化界劳军团和鲁艺秧歌队80多人，携带慰问信、秧歌剧、木刻画片、石膏像等自制的礼品前往南泥湾劳军，受到三五九旅官兵的热烈欢迎和热情款待。鲁艺师生发挥专业特长，表演了专门排

---

① 吴印咸：《延安影艺生活录》，艾克恩主编：《延安艺术家》，西安：陕西人民教育出版社，1992年，第288页。

② 延安革命纪念馆：《圣地》，西安：陕西人民出版社，1987年，第89页。

演的广场剧《挑花篮》,并为其中的一个《花篮舞》设计和制作花篮,大家以柳条代替竹子编成花篮,染出各种颜色的纸作花瓣、花叶,做出了有牡丹、月季、菊花、茶花等各种花卉的四担花篮。由鲁艺音乐系于蓝等四个姑娘每人挑着一对花篮,扭着轻盈的舞步,舞动着花篮,唱起悠扬悦耳的《南泥湾》,并把鲜花送给英雄的三五九旅指战员。从此,《南泥湾》这首优美的歌曲就广为传唱开来。

以南泥湾开荒为代表的大生产运动的开展,使中国共产党和陕甘宁边区政府战胜了严重的经济困难,为巩固根据地抗日民主政权,争取抗日战争的

1943年秋,三五九旅在南泥湾隆重举行了生产展览会

胜利,奠定了坚实的物质基础。与此同时,也积累了宝贵的经济建设经验,培养了一大批经济工作干部。1945年4月27日,毛泽东在为《解放日报》撰写的社论中指出:大生产运动在保证物质生活方面,起了决定性作用。如果不是适时的抓住这个环节,我们就无法抓住整个革命链条,我们的斗争也就不能前进。①

---

① 《解放日报》,1944年4月27日,第1版。

峥嵘岁月

1942年春,毛泽东给赴晋绥边区一二○师的干部做报告

这是一张毛泽东本人也非常喜爱的照片,他曾这样说到:这幅照片最好,最能表现时代。

这张照片的拍摄者吴印咸,是延安电影团的重要成员,今天我们看到的延安时期许多影像资料和图片资料,大多出自他和他的电影团同事之手。

1938年9月,在毛泽东、周恩来等领导人的倡议和支持下,以袁牧之、吴印咸、徐肖冰、钱筱璋等为骨干,成立了八路军总政治部电影团,从而在延安建立起中国共产党历史上第一个专门的电影和摄影机构。延安电影团成立以来,克服了设备简陋、胶片不足等困难,深入各个抗日根据地,深入延安各机关部门,留下了许多宝贵的影像资料，拍摄了大量珍贵的照片。这张照片反映的是1942年毛泽东给八路军一二〇师干部做报告的场景。

当时，在国民党反动派严密的军事包围和经济封锁之下，陕甘宁边区政府面临着严重的经济困难。用毛泽东后来的话说：当时到了没有衣穿，没有饭吃，困难真是大极了。从照片画面上可以看出，时值陕北早春二月天，北国的寒意并未散尽，毛泽东穿着一身旧的灰色粗布制服，裤子的两个膝盖处补着大大的补丁，补丁面料的颜色明显比裤子面料的颜色深了许多，脚上穿着自制的布鞋，两个鞋面上也呈现出明显的磨旧痕迹。

延安电影团摄影队队长吴印咸

吴印咸后来回忆：

> 1942年开春的一天，我带着摄影队的两名同志去给主席拍照，他正要给一二〇师晋绥干部作报告。那天天气很好，黄土高原上阳光普照，会场里干部战士情绪振奋。主席身穿灰布棉军服，一双家制布棉鞋，引人注目的是裤子上还补了两大块补丁。主席在报告中充分肯定了晋绥边区英勇抗击日军春季大"扫荡"的战果，他要求晋绥干部要进一步发动群众，搞民兵、搞武装工作队，把敌人"挤"出边区。主席以

他一贯的自信乐观，评点政局、分析形势，大大鼓舞了到会的干部战士。看到主席那种处于恶境不慌乱，誓与顽敌争高低的将帅风度，一种厚实坚固的自信，一种无坚不摧的力量迅速而悄然地在每个人心中升腾涌起，并将通过他们迅猛地扩散到各根据地，形成一股更为强大的战斗力，我也被会场里那种升腾涌起的士气感动着，为主席的大智大勇感动着，决心通过我的摄影机，将这难忘的时刻记录下来，将主席的精神风貌反映出来。①

照片散发出强烈的现场感。毛泽东身后是典型的陕北土窑洞，窑洞的窗子上面是当地典型的弯曲的窗棂，令人一看即知报告会的发生地。主席身边还放了一个小方凳，方凳上摆着一杯水。画面中并没有会议桌，也没有讲台，一片空地就是报告会的会场。构成画面主体的毛泽东身子略微前倾，一脚稍向前迈，双眼专注地看着听讲人，正掰着手指，从画面中看，显然正讲到了第三点或第三条。画面中虽然没有体现其他听众，但给人的感觉却如同听报告的人就在画面之中。

围绕着拍摄这张照片，当时还发生了有趣的故事。毛泽东做完报告，时任一二〇师师长的贺龙就地请主席在自己的窑洞里吃便饭，并邀请吴印咸和电影团的几位同志一起用餐。大家刚坐下来准备就餐，吴印咸的勤务员进来了，看见还有一个空位，也没看桌旁都有谁，坐下来就吃。没想到坐在他旁边的正是毛主席，主席就问他叫什么名字，家住哪里。勤务兵抬头一看才发现是毛主席，马上满头冒汗，赶紧站了起来。主席和蔼地拉他坐下继续吃饭，一边吃，一边对他问长问短，十分亲切。大家都在轻松的气氛中感受领袖的关怀，内心里充满了感动。②

新中国成立后，毛泽东看到这幅照片后非常有感悟，他说："这张照片表

---

① 吴印咸：《镌刻心头的记忆》，徐新民主编：《在毛泽东身边》，北京：中央党校出版社，1993年，第116页。
② 吴印咸：《镌刻心头的记忆》，徐新民主编：《在毛泽东身边》，北京：中央党校出版社，1993年，第117页。

现时代精神是最好的。"①事实上，这张照片背后，不仅反映了延安时期中国共产党人艰苦卓绝的奋斗经历，也体现出以毛泽东为代表的中国共产党人为民族解放、人民幸福而艰苦奋斗的人民公仆本色。

面对延安时期艰苦的岁月，革命者表现出的始终是乐观向上的态度。

作为延安"五老"②之一的谢觉哉回忆，1935年11月初，红军长征到达西北革命根据地边境吴起镇时，屋小人多，谢老当晚便睡在露天麦地，且睡得很好。当时还有感而发，赋诗一首：

1937年谢觉哉在延安

长征初入边区露宿吴起镇

露天麦地复棉裳，铁杖为桩系马缰。

稳睡恰如春夜暖，"天明始觉满身霜"。③

1947年10月30日，谢觉哉还在日记中记录了毛泽东与他的谈话，更是令人感佩：

---

① 吴印咸：《镌刻心头的记忆》，徐新民主编：《在毛泽东身边》，北京：中央党校出版社，1993年，第117页。
② 延安时期，董必武、林伯渠、徐特立、谢觉哉、吴玉章五位同志被尊称为"延安五老"。朱德1942年7月10日写《游南泥湾》一诗，诗中有"轻车出延安，共载有五老"诗句。
③《谢觉哉传》编写组：《谢觉哉传》，北京：人民出版社，1984年，第84页。

自作战来身体比前好,每天能有目的地走上十里,而不是散步,最好。又云用脑过则倦,倦到洗澡都不能支持。写文件(将完成)如感到倦,又强写完,就会倦到手发冷,须躺下数小时,才能恢复。[①]

可以看出,老一辈革命家面对艰苦卓绝的斗争生活,所体现出来的不凡气概以及大无畏的乐观主义精神是共通的。

[①] 谢觉哉:《谢觉哉日记》(上卷),北京:人民出版社,1984年,第1166页。

干群一家

1946年6月26日，国民党发起全面内战后，毛泽东曾经说："党中央和人民解放军总部必须继续留在陕甘宁边区，此区地形险要，群众条件好，回旋地区大，安全方面完全有保障。"[1]促使毛泽东做出这个决定的重要原因之一，就是他所认为的"群众条件好"。这也从一个侧面体现出延安时期良好的党群、干群关系。

关于延安时期的党群、干群关系，如党政、军政、军民、党与军队、政府与人民、上级与下级、新干部与老干部、外来干部与本地干部（即所谓"洋包子"与"土包子"）、工农干部与知识分子干部、这部分干部与那部分干部（即所谓"山头"之间）等多种关系，作为中共领袖的毛泽东都高度重视，并有许多精辟的论述，及时指导边区党政军各个部门、各个系统以最广大的人民群众的利益为上，密切与人民群众的联系，解决群众的困难。1940年1月16日，毛泽东在陕甘宁边区第二届农工展览会开幕典礼上讲话时用通俗而深刻的道理说明了军民合作的重要性。他说："八路军也就是老百姓，故军队不要忘本，本就是工农。""老百姓可以骂我们，我们却不能骂他们，因为他们是主人，因为我们的饭是他们做的，房子是他们做的，我们要军民合作。八路军有两条规矩，一条就是官兵合作，一条就是军民合作，大家亲亲密密团结起来，日本一定打倒的。"[2]

1939年由延安解放社出版的《陕甘宁边区实录》对边区政府的公务员是

---

[1] 毛泽东：《一九四七年四月九日通知》，《毛泽东选集》第4卷，北京：人民出版社，1991年，第1221页。
[2] 《检阅边区一年来生产建设　二届农工展会胜利开幕——毛泽东同志讲演词》，《新中华报》，1940年2月3日，第6版。

这样描述的:

毛泽东与杨家岭农民亲切交谈

　　这里的公务员不是站在老百姓头上的官僚,他们不会摆官僚架子,也不会过与众不同的官僚生活,他们每月只有一元半到五元的津贴,他们和老百姓只是职务上的不同,绝无身份阶级的区别……他们和陕北人民一样的过简单朴素的生活,正是如此,他们才真正能够做到官民一致,获得民众理论的支持。

　　公务员不但不是特殊阶级,而且是站在人民前面引导人民前进的表率,他们处处都要以身作则。酗酒聚赌、流连荒唐的公务员在边区是站不住脚的。如缴纳救国公粮,捐款优待抗日军人家属,救济难民,出钱出粮,公务员都要比老百姓出得更多更快;政府所号召的植树开荒，各级政府公务人员都是首先参加而且首先完成，甚至超过了自己的任务。边区的公务员大都是以身作则艰苦奋斗的模范，本来所谓州官可以放火、百姓却不许点灯的情形，在这里是没有的。①

延安时期，体现良好干群关系的典型事例不胜枚举。

1940年9月，大华纱厂因日本飞机轰炸不得不关闭，工人们生活困难。林伯渠当时在八路军驻西安办事处担任常驻总代表，看到这种情况，就号召办事处的同志节衣缩食，支援和帮助大华纱厂的工人兄弟。在林老的带动下，办事处的全体同志这年冬天都不烤火，节约用煤，节约用电……节约了好几百元钱，都支援了大华纱厂的工人。②

1941年11月13日，毛泽东出席中共中央和西北中央局招待陕甘宁边区参议员的宴会。据延安《解放日报》报道，毛泽东同边区诸老"纵话乡土风情，笑谈国际局势，状如家人，一种亲爱精诚之气象，感奋四座"。

1943年7月24日，毛泽东致信边区政府主席林伯渠，介绍边区劳动英雄杨步浩等人与他谈话的情况，信中同时写到："获知乡村情形，很有兴趣。兹转介至尊处，倘有时间，乞为接谈，他们极愿晋谒领教。并望招待他们住一晚，第二天回家，因他们离此七十里之远。"③从这封信中，不难看出毛泽东对杨步浩这样的普通劳动群众所倾注的深厚感情：不仅与边区政府主席一起认真倾听来自他们的声音，而且鉴于当天回去路远不便，还特意安排他们休息一晚。

南泥湾金盆湾乡七十岁的老乡李金海，挑着鸡蛋，徒步八十里路来到延安看望毛泽东和林伯渠，有人劝他骑小毛驴来，他却认真地说这样不恭敬。④

有一个时期，陕甘宁边区留守兵团驻地的老百姓对兵团官兵提了许多意见，对此有的部队的同志想不通，就来到杨家岭毛泽东住处诉苦，说到："老百姓

---

① 齐礼：《陕甘宁边区实录》，解放社，1939年，第11、12页。
② 谭冰：《回忆边区主席林伯渠同志》，西安市政协文史资料委员会编：《忆延安》（西安文史资料第17辑），西安：陕西人民出版社，1991年，第349页。
③ 中共中央文献研究室：《毛泽东年谱（1893—1949）》中卷，中央文献出版社，2002年，第459页。
④ 聂志超：《延安参观后的我见》，《解放日报》，1946年6月1日，第4版。

1938年7月16日,八路军后方留守兵团暨边区保安部队第二次军政首长会议与会人员合影

对我们有意见,动不动就要和我们来见毛主席。"毛泽东听了,环视了一下在座的同志,意味深长地说:"我看这是天大的好事!天大的好事啊!"毛泽东接着说:"开天辟地以来,中国几千年的历史,都是老百姓受官府的气,受当兵的欺侮,他们敢怒不敢言。现在他们敢向我们提意见,敢批评军队。这是多么了不起的变化啊!你们想想看,从古到今,哪有老百姓批评军队的?哪有民议军这样好的事啊?这说明我们边区的民主深入到群众中去了。"听了主席的话,大家的心里一下子亮堂了,想到平时对部队教育抓得不紧,没有严格执行毛泽东为我军制定的"三大纪律、八项注意",影响到军民关系,心里十分惭愧。毛泽东又对大家说:"我看咱边区政府民主建设工作做得很有成绩,我们的军队有广大群众当老师,你们搞军队工作的就不会犯大

错误了。边区大有希望啊！"①后来留守兵团所属部队便自觉地掀起"拥政爱民"活动，地方政府和边区老百姓则掀起了"拥军优抗"的热潮，边区军民、军政关系日益密切起来。

1947年3月，胡宗南进犯延安，边区政府干部在转战陕北途中，主动带领群众转移，组织群众抢种、抢收，与群众一起运送军粮，转运伤员。部队宿营一到驻地，战士们就给群众打扫院落、喂毛驴、铡草、锄地、担水，抢不上勾担和扫帚，就给毛驴割草。部队出发离村时，还要挨家挨户检查，看有没有拿群众东西。②

美国记者贝尔登在日记中记述了他在新四军中的见闻：

史沫特莱在凤凰山麓采访朱德

> 军队居住的地方，能像新四军这样干净的，我还没有见到过……我亲眼看见他们在离开的时候，把门板装好，把一切弄得十分妥帖。我也亲眼看见，他们跟老百姓说话时是那样温和。③

史沫特莱所描述的朱德与驻地老百姓的互动，更是让人感念：

---

① 石玉玺：《回忆毛主席的两次谈话》，西安市政协文史资料委员会编：《忆延安》（西安文史资料第17辑），西安：陕西人民出版社，1991年，第329、330页。

② 赵学贵：《在五龙庙战斗中负伤以后》，西安市政协文史资料委员会编：《忆延安》（西安文史资料第17辑），西安：陕西人民出版社，1991年，第505页。

③ 胡劼：《贝尔登见证抗战烽火中的新四军》，《中国档案报》，2013年8月1日，总第2490期，第3版。

  朱（德）将军和年轻的卫兵上了小山来到我们的平台了。与我们同住在这块平台上的农民一家，听到他的声音，立刻飞跑出来，亲亲热热地给他以农民对农民的欢迎。他也走到全家中间，拍拍孩子的脑袋，又从母亲的手里接过婴儿高高举起，和婴儿一齐笑起来。①

  正因为与老百姓的水乳交融，中国共产党及其人民军队赢得了老百姓的全力支持，从而构成了坚不可摧的人民阵线。

  斯特朗在延安时听到最多的一个词，就是"人民"。不仅是与毛泽东的谈话，同其他人的讨论也一样，谈到最后总是中国人民如何，世界人民如何，"到人民中去"，以及"向人民学习"。"这些都是口号，但这些词似乎包含着比口号更深的含意，代表着一种极深的感情，一种最终的信念。"在与朱德的谈话中，这位穿着褪色蓝布军装的总司令提到这场内战时说："蒋介石不可能胜利，因为中国有四万万五千万人民。他们得不到民主是决不罢休的。你不能把他们全杀掉……中国人民像大海，我们共产党人像大海中的鱼，生活在大海之中。"所以她自然而然地得出结论："共产党之所以能取得这些胜利，不在于传说中的俄国援助，也不取决于蒋家军队的腐败无能，而是因为这支军队来自农民，而共产党人则是这支军队的组织者。这些胜利是凭着自觉和才智将中国人民的潜在力量调动起来的结果。"②

  1942年8月15日，毛泽东曾在给谢觉哉的信中提到：早几天解放报社论末段有"官方干部""纯老百姓代表"的话，也有不妥处……我们的政府是真正代表老百姓的，是民的，故不可说"还政于民"，也不可分为"官方""非官方"……不宜将"官方""纯老百姓"这样对称起来。③

---

  ①［美］史沫特莱：《伟大的道路——朱德的生平和时代》，武原、曹爽编：《外国人眼中的中共群星》，成都：四川人民出版社，1991年版，第210页。
  ②胡劼：《斯特朗：中国的未来将由中国人自己决定》，《中国档案报》，2013年8月29日，第3版。
  ③中共中央文献研究室：《毛泽东年谱（1893—1949）》中卷，北京：中央文献出版社，2002年，第397页。

在延安召开的党的七大会议上,毛泽东指出:"我们共产党人区别于其他任何政党的又一个显著的标志,就是和最广大的人民群众取得最密切的联系。全心全意地为人民服务,一刻也不脱离群众;一切从人民的利益出发,而不是从个人或小集团的利益出发;向人民负责和向党的领导机关负责的一致性;这些就是我们的出发点。"① 无疑,这是对延安时期干群一家时代风尚的最好解读。

安娜·路易斯·斯特朗与周恩来在延安

---

① 中共中央文献研究室:《毛泽东在七大的报告和讲话集》,北京:中央文献出版社,2000年,第93页。

延安劳模

劳动模范是中国共产党及其所领导的陕甘宁边区人民政府为表彰生产先进而设立的荣誉称号。劳动模范的评选是中国共产党最早在延安时期进行的，产生的背景则是当时所开展的大生产运动。

1938年12月8日，毛泽东在延安召开的后方军事系统干部会上指出：我们现在钱虽少但还有，饭不好但有小米饭，要想到有一天没有钱、没有饭吃，那该怎么办？无非三种办法，第一饿死；第二解散；第三不饿死也不解散，就得要生产。四天之后的12月12日，毛泽东在抗大干部晚会上做报告，强调要自己解决物质上的供给，

1943年11月29日，毛泽东在中共中央招待陕甘宁边区劳动英雄大会上作《组织起来》的讲话。毛泽东强调："我们用自己动手的方法，达到了丰衣足食的目的。"

要自己种地，自己动手。1939年1月25日，毛泽东出席陕甘宁边区农产品展览会开幕式时讲话，他指出：在边区，不仅老百姓要努力生产，其他如学校、党政机关、军队都要参加生产运动。第二天，中央书记处召开会议，讨论生产运动，决定要进

行生产动员,并分配生产任务。①从此,延安的生产运动就列入了各机关、单位、学校、部队的工作计划。

1941年皖南事变后,国民党加强了对陕甘宁边区的军事和经济封锁,不仅停发了八路军的军饷、弹药、被服等物资,而且阻断了陕甘宁边区的外部援助,②声称不让一斤粮、一尺布进入边区。为了克服严重的经济困难,陕甘宁边区和各抗日根据地开展了轰轰烈烈的大生产运动。大生产运动开展以来,由王震担任旅长的三五九旅在屯垦南泥湾时成绩尤为突出,成为大生产运动中的一面旗帜,并产生了一大批"气死牛"的劳动英雄。

边区涌现的第一个著名的劳动英雄是延安县的农民吴满有。吴满有在土地革命时期翻了身,分得了土

|1||2|

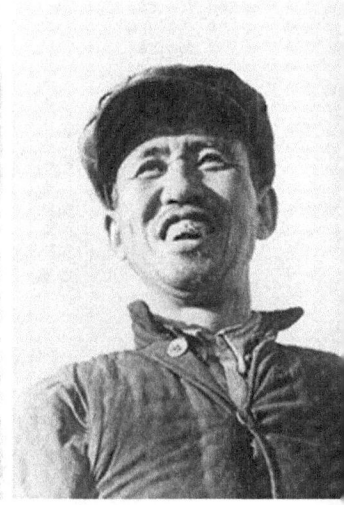

1. 1944年夏,毛泽东与劳动英雄吴满有亲切交谈
2. 工业战线上的劳模赵占魁

---

① 中共中央文献研究室:《毛泽东年谱(1893—1949)》中卷,中央文献出版社,2002年,第98、99、106页。
② 1940年10月19日,何应钦令军需局面告八路军西安办事处,"从本日起,停止发给八路军经费,即十月份欠发之二十万元,亦一律停发。"见《新中华报》1940年12月8日,第1版。

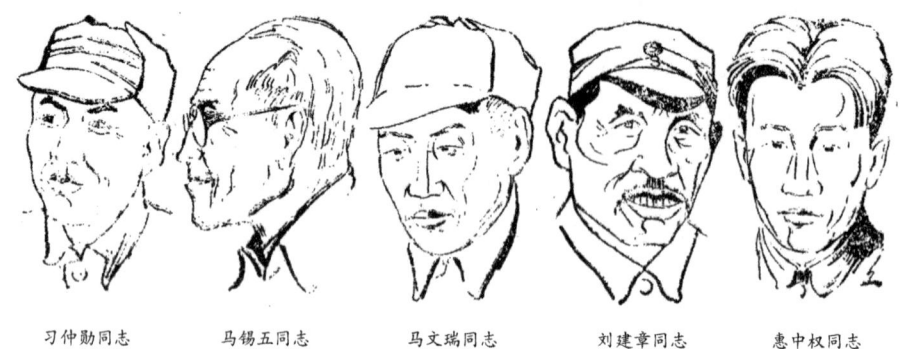

习仲勋同志　　马锡五同志　　马文瑞同志　　刘建章同志　　惠中权同志

地。他早起晚睡，辛勤劳作，多施肥，勤锄草，深耕土地，及时播种，使得每亩地的平均粮食产量高于其他人。1942年4月30日，延安《解放日报》在头版头条报道了吴满有的事迹，并发表社论《边区农民向吴满有看齐！》，号召"成百成千的吴满有涌现出来"。毛泽东对吴满有运动十分重视，他在西北局高干会上指出："一九四三年应大大提倡吴满有式的生产运动"，使边区内"产生很多的吴满有"。①

毛泽东在杨家岭开垦的菜地

---

① 毛泽东：《经济问题与财政问题》，《毛泽东选集》，1948年东北版，第777页。

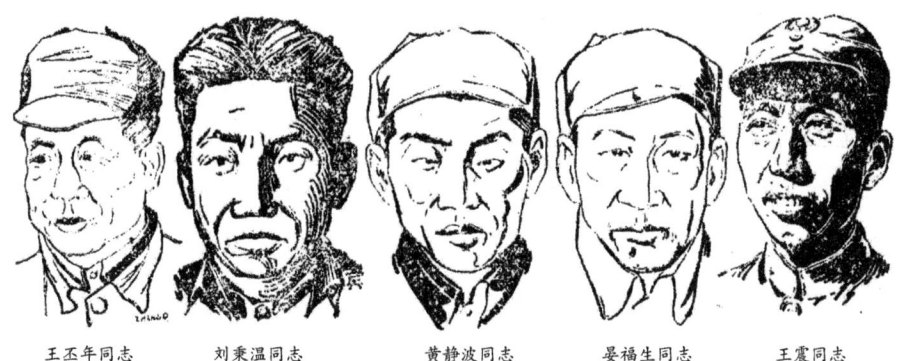

王丕年同志　刘秉温同志　黄静波同志　晏福生同志　王震同志

1943年2月3日，延安《解放日报》第1版刊登的生产英雄木刻头像

工业战线最著名的模范工人是赵占魁。赵占魁于1938年到延安，1939年进入农具厂，任翻砂股股长。他的具体工作就是炉前看火。无论是严冬，还是酷夏，他都坚守在熔炉前，工作虽然平凡，又十分艰苦，但他几年如一日，从无懈怠。同时，他努力改进技术，不断提高工作质量，做出了突出的成绩。1942年9月11日，延安《解放日报》发表社论，号召"向模范工人赵占魁学习"，使全边区"有千个万个像赵占魁一样的模范涌现出来"。这样，赵占魁运动同吴满有运动一样，成为工业建设发展的推动力量。

党的领袖也身先士卒，率先垂范，积极参加生产劳动。毛泽东、朱德等党和军队领导人都有自己的菜地。当时在延安中央研究院政治研究室工作的靳石足回忆，一天晚饭后，他们十多个同志踏过铺在延河上的石块，散步到杨家岭，在那里看到毛泽东正在自己的菜地里给西红柿松土，还与他们攀谈了起来。①

1942年6月1日，毛泽东在杨家岭用自己种的

---

① 沈漪：《怀念张如心同志》，温济泽，等编：《延安中央研究院回忆录》，长沙：湖南人民出版社，1984年，第192、193页。

蔬菜招待来延安访问的南洋华侨领袖陈嘉庚。陈嘉庚看着桌上的饭菜，感慨万分，意味深长地说："得天下者，共产党也。"回到南洋后，陈嘉庚常对人说："党之领袖其艰苦朴素如此者，令人钦佩。"

1943年1月14日，中共中央西北局高级干部会议首先对领导经济建设成绩卓著的领导人王震、何维忠、晏福生、罗章、黄静波、刘秉温、王丕年、惠中权、刘建章、王世泰、杨林、范子文、胡起林、马文瑞、马锡五、王维舟、李丕福、习仲勋、文年生、任成玉、贺晋年、罗成德等22人给予奖励，毛泽东一一为他们在奖状上题词，分别是："有创造精神""实事求是，不尚空谈""忠实努力，不夸不骄""一刻也不离开群众""党的利益放在第一位""生产教育，两者兼顾""为群众谋福利""艰苦奋斗，不屈不挠"等。会议还奖励了三个先进单位：三五九旅、延安县委县政府和延安县南区合作社。

1943年2月3日，延安《解放日报》在社论中指出要向领导经济建设受奖的同志学习：第一，学习他们积极领导群众和机关部队的生产事业；第二，学习他们不保守，不空谈，有调查研究、实事求是的精神；第三，学习他们深入群众，依靠群众的力量，而毫无官僚主义的习气；第四，学习他们对党的事业抱有无限的忠诚。社论指出：这些受奖同志的工作特点，就是一切经过群众，一切为了群众，并以艰苦卓绝的精神工作。他们的这种精神就是我党整风运动中所提倡的正确精神，就是创造性的马列主义精神。他们的成绩正是我们经建工作者和一切工作者的辉煌范例。

1943年11月26日至12月16日，中国共产党历史上第一次陕甘宁边区劳动英雄代表大会在延安大砭沟隆重召开，参加大会的有各机关、部队、学校团体及边区群众约3万余人。被选为边区劳动英雄的共500人，出席代表大会的劳动英雄185人。大会名誉主席为毛泽东、朱德、康生、任弼时、彭德怀、周恩来、高岗、林伯渠、李鼎铭、续范亭。主席团为李富春、杨清、徐向前、王震、高自立、霍子乐、高长久、周扬、崔田夫、杨芝芳、张汉武、刘建章、申长林、吴满有、赵占魁、黄立德、李位、刘玉厚、郭凤英、张振财、冯云鹏、

1943年11月26日至12月16日，陕甘宁边区劳动英雄代表大会在延安大砭沟隆重召开

李连英、张芝兰、贺保元、杨朝臣、张万库、马丕恩、曹力如等同志。从11月27日至12月16日，陕甘宁边区第三届生产展览会开展，参观人数前后达5万余人。

1943年11月29日，毛泽东、朱德、刘少奇、周恩来等中央领导人在杨家岭中央大礼堂宴请全体劳模代表。毛泽东在招待劳动英雄大会上，做了《组织起来》的著名讲演，称赞劳动英雄和模范生产工作者"是人民的领袖"。①

大会期间，12月9日下午，毛泽东在参观完边区生产展览会后，又在中共西北局办公室与17位劳

---

① 毛泽东：《毛泽东选集》第3卷，北京：人民出版社，1991年，第935页。

动英雄座谈生产经验。吴满有、申长林、阎开增、白德、张清益、刘生海、孙万福、冯云鹏、高仲和、张振财、石明德、梁显荣、李位、田荣贵、李长清、刘玉厚、安兆甲等劳动模范参加。座谈会讨论了生产经验（包括移民、打盐、义仓、部队生产、变工扎工及合作社）等问题，毛泽东鼓励他们将这些生产经验在群众中广泛宣传，使这些经验能指导全边区人民的合作生产。

这次大会历时20天，评选出特等奖25名：延属分区吴满有、刘建章、申长林、陈德发、马海旺；三边分区贺保元、李文焕；关中分区冯云鹏、田荣贵、张清益、石明德；绥德分区刘玉厚、阎开增；陇东分区张振才；部队为赵占奎、张治国、武生华、胡青山、冯国玉；机关工厂黄立德、赵占魁、佟玉新、郑洪凯、李太元、袁光华。他们分别得到了奖金3万元以及毛泽东的题字；甲等奖34名，各得奖金2

劳动英雄

万元;乙等奖 8 名,各得奖金 1 万元。还评选出 5 个模范村,各奖给耕牛一头。这次劳模大会把边区生产竞赛运动推向了新的高潮。

1944 年 12 月 22 日至 1945 年 1 月 14 日,陕甘宁边区第二次劳动英雄与模范工作者大会在延安隆重召开。出席会议的代表共 476 人。这次大会共评选出特等劳动英雄 74 名,其中农业战线劳动英雄 15 名,各得奖金 8 万元;甲等劳动英雄 200 名,其中农业战线劳动英雄 36 名,各得奖金 5 万元;乙等劳动英雄 189 名,其中农业战线劳动英雄 36 名,各得奖金 3 万元。还评出 7 个模范村。除 1943 年评出的 5 个模范村继续被评为模范外,增选安塞县马家沟和绥德县王家坪两个新模范村。

当时在延安给了劳动模范非常高的荣誉。来延安采访的著名记者赵超构在陕甘宁边区文协的会客室——一孔窑洞内,看到除了毛泽东、朱德的画像以外,墙上还挂着劳动英雄吴满有和赵占魁的油画像。[①]

延安时期集中出现的劳模运动也体现了那个不凡时代的典型特征,不仅动员了广大的干部群众积极投入到各行各业的生产与建设中,而且成为鼓舞和体现时代风尚的典型符号。

---

① 赵超构:《延安一月》,上海:上海书店出版社,1992 年,第 132 页。

深入群众　不尚空谈

1 2

1. 1942年3月8日，毛泽东为延安《解放日报》纪念"三八"国际妇女节特刊题词
2. 1941年9月14日延安《解放日报》刊登调查报告《鲁忠才长征记》

这是1942年3月8日毛泽东为延安《解放日报》纪念"三八"国际妇女节特刊的题词。纪念"三八"国际妇女节，为什么要题这样内容的题词呢？这还得从当时延安整风这个大背景以及延安《解放日报》的改版说起。

1941年1月皖南事变发生后，为适应新的斗争形势，进一步推动党的舆论宣传工作，中共中央决定将延安的《新中华报》①与《今日新闻》②合并，

---

① 1935年11月25日，《红色中华》在瓦窑堡复刊。1937年1月29日，《红色中华》改名《新中华报》，并在停刊前的一个时期内改为陕甘宁边区（特区）政府机关报。

② 新华社的参考报道曾以《每日电讯》为刊名，1937年10月改名为《参考消息》，1938年12月又改名为《今日新闻》，主要刊载新华社拟收的国内外电讯及新华社播发的电讯稿。

创立延安《解放日报》，并将其作为中共中央机关报。《解放日报》于1941年5月16日正式创刊，毛泽东还专门撰写了发刊词。

由于是第一次筹办这样大型的中共中央机关报，包括报社社长博古在内的所有报社成员都缺乏实际经验，在内容方面没能突出全党工作大局，没有围绕党的中心工作，只习惯于选取外国通讯社的新闻，对中国共产党领导的陕甘宁边区、各敌后抗日根据地的活动报道太少，对反映党的各项政策包括有关群众利益的政策问题报道宣传不够，存在着比较严重的脱离实际、脱离群众的现象。

为了纠正党内存在的主观主义、教条主义，克服"左""右"两种倾向，倡导理论联系实际的学风，1941年5月19日，毛泽东在中央宣传干部学习会上做了《改造我们的学习》的报告，掀起了延安整风的序幕。但如此重要的报告，却没有引起刚创刊的延安《解放日报》的重视，报社只是按惯例在第三版右下角发了简单的消息。这暴露出了延安《解放日报》初期办刊的不足。

针对这种现象，中宣部1941年7月在《关于各抗日根据地报纸、杂志的指示》中指出：报纸宣传要"反映现实"，应该"极力纠正那种主观的，表面的，教条的，公式主义的，无的放矢的和空谈的缺点"。

毛泽东不仅高度关注延安《解放日报》的工作，在具体编务上也给予了细致的指导。1941年9月14日延安《解放日报》刊登调查报告《鲁忠才长征记》，毛泽东亲自写了按语：这是一个用简洁文字反映实际情况的报告，高克林同志写的，值得大家学习。现在必须把那些"下笔千言、离题万里"的作风扫掉，把那些"夸夸其谈"扫掉，把那些主观主义、形式主义扫掉。高克林同志的这篇报告是在一个晚上开了一个三个人的调查会之后写出的，他的调查会开得很好，他的报告也写得很好。我们需要的是这类东西，而不是那些千篇一律的"夸夸其谈"，而不是那些党八股。

1942年2月11日的中央政治局会议上，毛泽东在讨论延安《解放日报》的工作时指出：《解放日报》应把主要注意力放在中国抗战、我党活动和根据地建设上面，要反映群众的活动，充实下层消息。他提议根本改变《解放日报》

现在的办报方针，使它成为贯彻我党政策与反映群众活动的党报。

正是在这种背景下，毛泽东利用"三八"国际妇女节的契机，为延安《解放日报》专门题词：深入群众，不尚空谈。显然有着极强的针对性。

因此，毛泽东倡导要深入群众，不尚空谈，实际上是用马克思主义的唯物史观和认识论，要求包括《解放日报》社在内的各机关、部门和工作人员，深入火热的边区生活，牢固树立群众观念，深入实际，求真务实，真正地服务群众。随后在延安文艺座谈会上，毛泽东同样着重强调了文艺要为最广大的工农兵群众服务，文艺工作者要自觉地主动地与群众相结合，投入到火热的现实斗争中去。

延安《解放日报》的正式改版是在1942年4月1日，在当天的改版社论《致读者》中鲜明地提出了党报必须具备的四个品质，即党性、群众性、战斗性、组织性，并着重指出要密切地与群众联系，反映群众的情绪、生活需求和要求，记载他们可歌可泣的英勇奋斗的态度，反映他们深受的苦难和惨痛，宣达他们的意见和呼声。

1942年4月1日《解放日报》正式改版并发表社论《致读者》

延安时期,毛泽东还多次题写了"实事求是,力戒空谈""一刻也不离开群众""实事求是,不尚空谈"等题词。其核心就是要求所有的党员、干部和知识分子,深入到广大的人民群众中间,向他们学习,从他们身上吸取智慧和营养,勤勉务实,不说空话,不耍花腔,不搞花架子,不做表面文章,以虚心的态度、扎实的工作、骄人的成果,让人民群众"得到实实在在的好处",全心全意地为人民服务,永远做人民群众的勤务员。

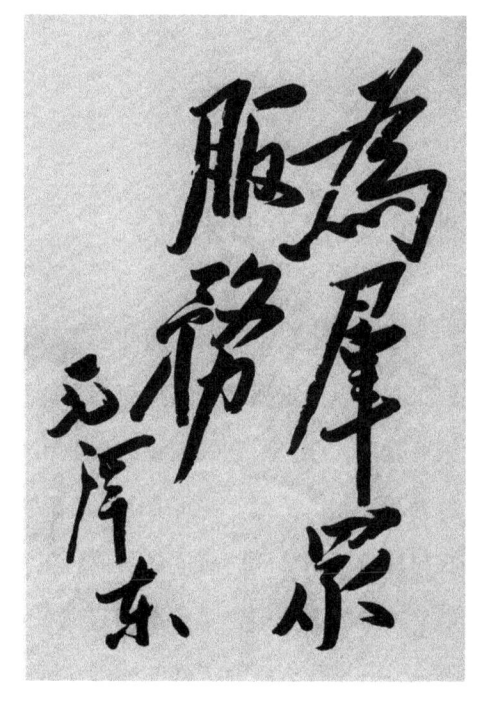

毛泽东为枣园书记处俱乐部题词:"为群众服务"

张闻天《出发归来记》

张闻天是我党早期的重要领导人，虽然在历史上曾犯过"左"的错误，但张闻天以追求真理、坚持真理为重，以党和革命的大局为重，虚心学习，谦逊处事，在一系列关系党的事业和革命成功的重大问题上，做出了不懈的努力和杰出的贡献。这张照片①所反映的，是延安时期张闻天长达一年多的农村调查场景，而调查活动所体现的深入、严谨、科学、细致的作风，以及最后形成的调查报告《出发归来记》，既是张闻天同志主动深入基层，深入群众，开展调查研究工作的模范实践，也成为延安时期中国共产党人调查研究的杰出范例。

1941年5月，毛泽东发表《改造我们的学习》的讲话，从此拉开了延安整风的序幕。时任中共中央政治局常委、中央书记处书记兼中宣部部长的张闻天在整风运动开始，就抱着积极的态度，严格按照中央的要求，努力学习，认真总结，深刻反思，力求从思想根源和工作作风等方面进行改造和提高。张闻天深深感到，自己在从事基层工作和了解实际情况等方面还存在很大的不足，难免在工作中会犯一些教条主义的错误，因此，他便向中央提出，带领一个调查小组组成工作组，深入陕北和晋西北地区，对当时的社会生产力与生产关系以及我党抗日战争时期的农村经济政策，进行深入调研。中央书记处1月12日会议同意了张闻天赴绥德及晋西北考察研究的计划，并决定张闻天出发后，中宣部部长职务由凯丰代理，日常行政工作由李维汉主持。

---

① 刘英回忆，在农村调查中，有一次遇上吴印咸他们的摄影队，给他们在黄河渡口、小米地里拍了好几张照片。刘英著：《刘英自述》，北京：人民出版社，2005年，第130、133页。

张闻天率领的调查团成员在神府的合影

事实上,张闻天自参加革命以来,就一直重视调查研究工作。党中央和中央红军长征到达陕北后,他也从没有停止调查研究的实践。1940年1月26日,张闻天在《党的工作中的一个基本问题——了解具体情况》中写道:

> 根据马列主义的理论去正确地了解当前的具体情况,是党正确的决定具体任务的出发点,也是党使这些任务能够实行的基础。特别在中国这样的地方,由于政治经济发展的不平衡,由于战争的环境,不但省与省间的具体情况不相同,而且在一省之内,以至一县之内的具体情况也不完全相同。因此对于当前具体情况的

---

① 张闻天:《党的工作中的一个基本问题——了解具体情况》,《共产党人》,1940年3月第4期。

了解，尤为重要。①

在回答怎样才能正确地了解情况、如何搜集各种具体材料的问题时，张闻天指出：

> 要到处去访问，要多找人谈话，要多看材料，要多检查工作，多注意实际经验。但了解具体情况，不就等于许多具体材料的堆积与描写。为了真能了解具体情况，我们还须依靠马列主义的理论去分析与研究这些具体材料，从这些具体材料中去把握到现实的一定的规律，再根据这些规律来定出自己的具体任务。……所以，了解具体情况，也就是马列主义的理论与实际的统一。这是运用马列主义于具体环境中，同时也就是发展马列主义。①

这次社会调查1942年1月26日从延安出发，首先由神府县贺家川开始，4月至8月在山西兴县，9月至11月在米脂县杨家沟，12月至次年2月在绥德，到3月初返回延安，前后进行了一年零两个月。参加延安农村工作调查团的成员有刘英，中央党务研究室的雍文涛、薛光军，中央政治研究室的曾彦修，中央财委的尚明、徐羽，中央研究院的马洪、许大远、薛一平等。

据张闻天的爱人刘英回忆，他们考察团一行到了绥德，受到时任绥德警备区司令员兼政委、并驻防在那里的王震的热情接待。那时王震刚结婚，把他的窑洞让给我们住。我们再三辞谢，王震执意要让，只得客随主便。闻天笑着用《诗经》上的两句诗说，这下可真是"维鹊有巢，维鸠居之"了。②

刘英回忆他们关于杨家沟地主经济的调查时写道：当地最大的一家地主马维新家保存着将近一百年来的各种账簿，买地、典地、收租、放债、雇工、经商和日常生活收支，都记得清清楚楚……闻天一本本翻阅，我在旁边帮着抄录数据、材料，马洪打算盘，日夜统计。我们一起忙了一个来月。闻天风趣地说：马克思在伦敦图书馆里算资本家的"账本子"，写了《资本论》，我们要弄明白中国的经济，

---

① 张闻天：《党的工作中的一个基本问题——了解具体情况》，《共产党人》，1940年3月第4期。
② 刘英：《刘英自述》，北京：人民出版社，2005年，第130页。

陕北米脂县杨家沟

也不能不研究马太爷家的"账本子"啊！①

张闻天在兴县调查的基础上，写成一篇《发展新式资本主义》的理论文章，结合分析兴县二区14个自然村897户的阶级成分，说明"资本主义生产成分在农村是很微弱的"，指出"资本主义生产方式，是现时比较进步的，可使社会进化的"，并着重指出："我们所提倡的新式资本主义，与欧美的旧资本主义不同。我们有革命政权和革命政策，调节社会各阶级关系。凡可以操纵国民生计的工商业，均握在国家手中"，认为"发展新式资本主义，是我们现时的任务，也是我们当前的具体工作"，从而为将来的社会主义和共产主义打下基础。①

正在绥德调查时，张闻天接到中央电报通知，

---

① 刘英：《刘英自述》，北京：人民出版社，2005年，第134、135页。

1942年9月16日，张闻天与农村调查团在神府彩林渡口。左起：徐羽、刘英、尚明、雍文涛、曾彦修、张闻天、马洪、许大远、薛光军

要求他于1943年3月初赶回延安参加会议。回到延安后，张闻天集中精力总结陕北、晋西北调查的体会，完成了《出发归来记》的报告。

《出发归来记》是张闻天1943年在长达一年的晋陕农村调查结束后写给中共中央的一篇调查报告。张闻天由衷地总结道：

> 这次出发使我深切地感觉到，我知道中国的事情实在太少了。到处看到的东西，在我都是新鲜的、生疏的、不熟悉的。必须经过一番请教之后，我才能认识他们，同它们交起朋友来。但这些东西，又是如此的生动活跃，变化多端，如果我们不同它们保持经常的接触，紧跟着它们，它们又会很快的前进，把我远远的抛弃在它们的后面。同时一切事实又如此明显的告诉我，如果我们不去认识它们，熟悉它们，了解它们的动向，我们决然不能决定我们的任务与政策，即使马马虎虎的决定了，任务仍然无法完成，政策也无从实现。②

他感叹："冲破了教条的囚笼，到广阔的、生动的、充满了光与热的、自由的天地中去翱翔——

---

① 程中原：《转折关头：张闻天在1935—1943》，北京：当代中国出版社，2012年，第235页。
② 张闻天：《出发归来记》，张闻天选集编辑组：《张闻天文集》第3卷，北京：中共党史出版社，1994年，第189、190页。

这就是我出发归来后所抱着的愉快心情",认识到"以后有向着接触实际、联系群众的方向不断努力的必要"。

为什么这么说呢？张闻天认为："不再空谈'理论与实际的联系'，首先把自己联系起来试试看，不再空谈'以马列主义的立场与方法来研究中国的实际'，首先要自己做一点这类'研究'的小榜样试试看。我想，这也许比一切关于这类辞句的空谈的作用，要大得多！"①

张闻天非常重视工作方法的总结。这也集中体现在《出发归来记》的表述中间。其中最为核心的方法有两条，一是着重典型，二是分析与综合。

在东北工作时的张闻天

1938年11月21日，张闻天在西北青年救国联合会第二次代表大会上做报告，强调要讲革命的实际主义。这就是到一个地方首先要了解当时当地的具体环境，然后根据那里的具体情形制定我们的工作计划，工作计划做好之后，还要在实际工作中检查我们的计划，看看是否做得通，如果做不通，这个计划可以不要，重做新的计划。第一次不行，计划第二次，第二次不行，再来第三次，直到行得通的时候为止。世界上的事情没有一做就成功的，必须在实际斗争中来不断地取得经验，不断地改善，这些哲学上就叫作"实践"。从晋西北归来后，张闻天又立即投身于对陕甘宁边区工业的调查。

抗战胜利后，张闻天主动要求到东北从事地方工作。可以看出，深入基层、深入实际，已经深入到他的骨髓，并转化为他一贯地倡导与实践追求。

---

① 张闻天：《出发归来记》，张闻天选集编辑组：《张闻天文集》第3卷，北京：中共党史出版社，1994年第190页，209页。

文化扫盲

中央红军到达陕北时,当地老百姓的文盲率达90%以上。为了做好文化扫盲工作,中共中央出台了一系列文件和办法,着力解决陕甘宁边区群众的文化扫盲问题。1944年,毛泽东还规划了两个五年计划,他说:"我们共产党是以有雄心著名的,在十年之内,我们要使老百姓人人都可以看《边区群众报》,有三分之一的人能看《解放日报》。""如果在五年到十年内,我们办起了很多种报纸,组织许多识字组,扫除了文盲,把艺术再来一个普及,并且注意到医药卫生,改善医疗条件,那就差不多了。"①

朱德、董必武、林伯渠、吴玉章、谢觉哉在中央党校合影(由左至右)

---

① 毛泽东:《关于陕甘宁边区的文化教育问题》(1944年3月22日),中共中央文献研究室编:《毛泽东文集》第3卷,1996年,第114、115、120页。

1937年4月，中央苏维埃政府西北办事处文化教育建设委员会拟定的《关于群众的文化教育建设草案》中指出："目前党的中心任务是争取全国一致的抗日战争和全国一致的民主政治。首先在自己直接领导的陕甘宁特区建立抗日的模范，它的主要工作之一是把广大的群众从文盲中解放出来，普遍的进行普及教育。"1938年4月，边区教育厅为落实国防教育会议精神，提出"在最近三个月内消灭一万个文盲，增加八千个小学生"的口号。8月5日，边区政府颁布《陕甘宁边区各县社会教育组织暂行条例》，明确各基层组织要通过举办识字组、识字班、夜校、半日校、冬学、民众教育馆等形式，搞好农村社会教育。

1939年1月，林伯渠在《陕甘宁边区政府对边区第一届参议会的工作报告》中对边区教育情形做了这样的描述：边区是一块文化教育的荒地。学校稀少，知识分子凤毛麟角，识字者亦极少。

安塞各区干部文盲统计表[①]

区别	区委书记（人数）	区长（人数）	自卫军营长（人数）	妇联会主任（人数）	工会主任（人数）	保安处助理员（人数）	青救会主任（人数）
1		1		1		1	
2	1	1	1	1	1		
3		1	1	1	1	1	
4		1	1	1			
5			1	1			
6			1	1	1		1
7			1	1	1		1
总计	1	4	6	7	4	2	2

1939年4月颁布的《抗战时期施政纲领》指出，"实行普及免费的儿童教育，以民族精神与生活知识教育儿童，造就中华民族的优秀后代"。此后还颁布了

[①] 陕西师大教育研究所：《陕甘宁边区教育资料》（在职干部教育部分），北京：教育科学出版社，1981年，第120页。

《陕甘宁边区小学教育实施纲要》《陕甘宁边区小学法》《陕甘宁边区小学规程》《陕甘宁边区实施强迫教育暂行条例草案》等法律法规,边区政府对学龄儿童实行义务教育,同时积极鼓励民办小学、巡回学校等许多新型教育形式。因此边区乡村教育发展很快,如下表所示:

年份	1937	1938	1939	1940	1941	1942	1943	1944	1945
学校数	543	739	883	1341	1198	847	923	1090	1377
学生数	10 396	15 348	22 089	41 458	40 366	40 845	30 845	33 689	34 004
备注	1940年庆阳等县归边区管辖,学校、学生人数骤增。实行正规化后,合并、撤销了一批学校,学校数下降,但学生人数仍有增加。								

同时,在发展正规学校教育的同时,边区还举办各种社会教育事业,主要对象是农民群众。1939年8月5日,边区政府公布了《陕甘宁边区各县社会教育组织暂行条例》,要求各县建立各种社会教育组织,以便经常地有组织地对民众进行文化教育。乡村社会教育在教学内容上,简单明了、生动实用,适合乡村实际。教学方式上,读报纸、演戏剧、扭秧歌、办墙报等形式灵活多样。1939年12月,在边区第二次党的代表大会上,通过了《关于发展边区教育提高边区文化的决议》,进一步明确要将尚未入学的学龄儿童全部入学,成年人扫盲则"以冬学、夜校、识字组等原有组织为基础,有计划有步骤的扫除现在边区成年人民中近百分之九十的文盲"。①

冬学(即利用冬季农闲时间为民众实施文化补习的学习形式)作为陕甘宁边区最常见、最广泛、最为活跃的社会教育形式,在某种意义上,也成为了历史的见证。这一新型教育形式在延安时期的特殊环境中发挥了重要的作用。

---

① 中国共产党陕甘宁边区第二次代表大会关于发展边区教育提高边区文化的决议(1939年12月),西北五省区编纂领导小组、中央档案馆编:《陕甘宁边区抗日民主根据地》(文献卷·下),北京:中共党史资料出版社,1990年,第377页。

抗战时期，边区乡村参加冬学的人数得到了很大的发展，如下表所示：

年份	1937	1938	1939	1940	1941
校数	382	728	643	965	655
人数	10 337	12 842	17 750	21 689	20 919

与此同时，中共中央还决定在延安县和延安市举办新文字冬学，同时试验用新文字进行扫盲教育工作。陕甘宁边区政府教育厅规定：延安市1940年的冬学，完全用新文字试办。1939年4月19日《新中华报》专门刊发了社论《为扫除三万文盲而斗争》。

新文字是吴玉章与林伯渠等在海参崴扫盲时共同创造的拉丁化方案。1931年1月，吴玉章曾被调往海参崴，为这里的中国工人和退入苏联境内的义勇军扫盲，因此也积累了比较丰富的经验。

1940年2月19日，延安新文字运动委员会正式成立。吴玉章担任主任委员，下设秘书、组织、编辑发行研究、教育、宣传各科，并推定王一夫、郝一真、景林、吕良、马小云、萧三、张成功、徐敬五、吴伯萧、丁浩川、胡蛮等11人分任各科工作。①

1940年8月，抗大、中国女子大学、中国青年干部学校、边区师范学校等都增设了新文字课。11月7日，陕甘宁边区新

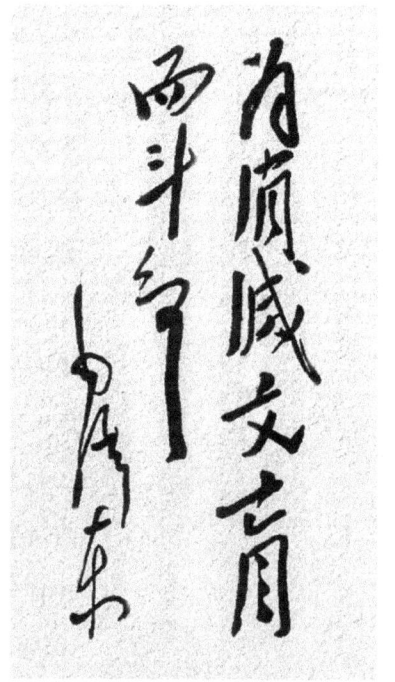

为推动文化扫盲工作，1939年4月毛泽东亲笔题词：为消灭文盲而斗争

---

① 《新文字运动委员会正式成立》，《新华日报》，1940年2月24日，第3版。

延安市第一完全小学校

文字协会成立，11月22日，新文字协会在延安县政府所在地川口创刊出版了拼音文字报刊《新文字报》（后由陕甘宁边区政府教育厅主办）。主编由延安县新文字冬学辅导团团长景林兼任，编辑李绵、刘升平。

1940年12月25日，陕甘宁边区政府颁发了《关于推行新文字的决定》，规定：（1）从1941年1月1日起，新文字与汉字有同等法律地位；（2）从1941年1月1日起，一切上下公文、买卖账目、文书单据等，用新文字书写与汉字书写同样有效；（3）从1941年1月1日起，政府的一切法令、公文、布告，一律新文字与汉字并用。

从1941年起，陕甘宁边区政府教育厅决定延安市延安县所有小学一年级都要学习新文字。1941

年5月1日,中共中央批准的《陕甘宁边区施政纲领》(即"五一施政纲领")正式发表,其中第十四条规定:"继续推行消灭文盲政策,推广新文字教育"。① 5月18日,中央宣传部做出规定:文盲干部必须先学习三个月新文字,再学习其他文化。新文字运动逐渐进入高潮。

陕甘宁边区新文字运动委员会成立后,陕甘宁边区政府教育厅即委托吴玉章具体领导和主持新文字工作。1940年10月3日,吴玉章、林伯渠、董必武、谢觉哉、李富春、高岗等组成新文字冬学董事会。② 1940年秋,中央组织部从马列学院、陕公、女大、边区党校、青干校和一些机关单位抽调70多名新文字教员和干部,组成"新文字教员训练班",校址在延安南关新市场。学员们培训结业后,即被分配到延安县和延安市③开展新文字冬学的教学工作。经过50多天的冬季扫盲工作,新文字教员和干部在延安县和延安市,共举办了63个新文字冬学(其中女冬学6个),1563人参加了冬学,扫盲教育工作取得了可喜的成绩。其中考核成绩为甲级的有561人,达到使用新文字会读会写的程度;乙级的有219人,达到用新文字拼写单字的程度;丙级的有462人,丁级的有321人。1941年1月,新文字冬学结束后,举办了专题展览汇报会,毛泽东、张闻天、朱德等中央领导参观了展览,并肯定了冬学工作取得的成绩。

1941年1月,边区政府决定在新文字教员训练班的基础上成立"新文字干部学校"。校址选在清凉山北麓和尚塔对面的山湾里。3月18日,新干校举行了开学典礼,5月初开始上课。作为一所小型的专业干部学校,新干校行政机构设置简单、灵活。全校师生百余人,分高级班、初级班、速成班和讲习班。

1941年6月,边区政府决定当年冬季在全边区范围内试办新文字冬学。为做好办学准备,6月下旬,从新干校高级班抽出38名学员,组成13个工作辅

---

① 《陕甘宁边区施政纲领》,《新中华报》,1941年5月1日,第1版。
② 刘文耀、杨世元:《吴玉章年谱》,成都:四川人民出版社,1998年,第262页。
③ 1937年10月14日,延安《新中华报》第2版刊登陕甘宁特区政府命令,指出延安市为边区政府所在地,并受边区政府直接领导。延安市政府正式成立后,延安县政府迁至延安城东十公里处的正向南岸川口村。

导小组,分赴边区四个分区和直辖的九个县(市),举办了13个新文字教员训练班,参加学习的有626人,为各分区和直辖县(市)培养了一批新文字教学的骨干力量。11月,工作辅导小组又分别在各地指导新文字冬学工作。至1942年1月新文字冬学结束,共办新文字冬学238个,其中女冬学23个。参加学习人数达5712名,其中女生621名(不含志丹县)。1942年冬,边区政府决定缩小新文字扫盲教育试验区域,只在延安县办新文字冬学。为此,新干校在高级班学员中选派了20名新文字冬学教员,5名新文字冬学辅导员,开始了为期两个半月的新文字冬学教学活动。

文化扫盲

为了使广大群众更好地读书、看报,分享精神食粮,1940年3月12日,陕甘宁边区政府成立了大众读物社,先后由陕甘宁边区中央局、西北中央局领导,主要任务就是"供给边区识字少的群众以文化食粮,并提高他们的文化水准,以开展新民主主义的文化的启蒙运动"。边区政府还主办了《边区群众报》,编辑出版《大众习作》《大众画库》《大众文库》《革命节日丛书》,建立了全边区的通讯员网络,培养和提高大家的写作能力和文化水平。

1943年3月26日,《解放日报》专门开辟"大众学习"专栏,目的是为了"提倡和帮助工农写文章"。1944年1月20日,《解放日报》发表黎文的文章《怎样把书报送到工农兵手里》,强调今后应该多出群众需要的书和作品,应将群众喜爱的书报、唱词置于醒目地位。各地书店应将书报投入集市,与流动挑担商贩联系,让他们帮助推销。工厂里的指导员、区乡干部、部队中政治工作者,要兼做书报义务推销员。应将识字少或不识字的群众组织起来,读书报给他们听并加以讲解。这些有针对性的举措以及经验推广,都很好地促进了文化扫盲工作的开展。

1944年,陕甘宁边区政府副主席李鼎铭在总结陕甘宁边区的文教工作时介绍:全边区参加读报识字组、夜校和半日校的人数达3.4万,办有600多块大众黑板报,工农通讯员发展到1100多人。边区的文化扫盲工作已经取得了可观的成绩。[①]

[①] 李鼎铭:《文教工作的方向》,《解放日报》,1944年12月10日,第2版。

理论学习

中国共产党历来十分重视党的干部教育工作,重视各级干部的理论学习。早在党创立初期,就在工人群众中创办工人夜校,宣传马克思列宁主义,培养党的干部。大革命时期,又创办了农民运动讲习所、自修大学,为党培养了大批既有马克思主义理论水平,又有实际工作经验的干部。

组织全党干部,普遍地、系统地、有组织地、有计划地进行学习,是从1938年11月六届六中全会后开始的。1937年7月,抗日战争爆发后,以国共两党合作为基础的抗日民族统一战线正式形成,

中国共产党扩大的六届六中全会主席团合影。左起:毛泽东、彭德怀、王稼祥、张闻天、朱德、秦邦宪、王明、康生、项英、刘少奇、陈云、周恩来

成千上万的工人、农民和青年知识分子参加了中国共产党，加入了八路军和新四军，有的还进入了陕甘宁边区和敌后抗日根据地的各级人民政府。面对新的形势和任务，特别是干部队伍的实际，六届六中全会做出了关于学习问题的决议。决议指出："为了保证共产党员能在抗战建国大业中起其应有的作用，为了使共产党扩大发展成为能担当抗战建国大业中一部分光荣任务的巨大力量，必须大批培养和选拔有胆有识能作能为的党员干部和非党员干部，并且最适当地使用教育和爱护这些干部。必须加紧认真地提高全党理论水平，自上而下一致地努力学习马克思、恩格斯、列宁、斯大林的理论。学会灵活地把马克思列宁主义及国际经验应用到中国每个实际斗争中来。研究孙中山先生的三民主义，研究中国历史，

用马列主义理论武装我们的头脑

提高工农干部和一般党员的文化水平。"毛泽东还在讲话中号召全党开展一个学习竞赛，看谁真正地学到了一点东西，看谁学得更多一点，更好一点。

为了响应六届六中全会关于开展学习竞赛的号召，加强对干部学习的领导，1939年1月，中共中央成立了中央干部教育部，张闻天兼任部长，李维汉任副部长，统管干部教育，包括干部学校教育和在职干部教育。

作为中共领袖的毛泽东，一直很重视全党的理论学习。早在1936年10月22日，毛泽东就致函叶剑英（当时在西安做统一战线工作）、刘鼎（当时在西安做与东北军之间的联络工作），要求购买一批真正通俗而又有价值的"社会科学自然科学及哲学书"，并特别点名购买艾思奇的《大众哲学》、柳湜的《街头讲话》，"作为学校与部队提高干部政治文化水平之用。"①

1938年夏秋，在毛泽东倡议下，延安新哲学会成立。会务工作由艾思奇、何思敬负责，毛泽东是积极参与者。毛泽东本人重视理论学习的传统体现在他理论学习的各个侧面。如在阅读《辩证法唯物论教程》时，先后用毛笔、铅笔在书眉和空白处写下了近1.2万字的批注。②

1940年6月21日，毛泽东在出席延安新哲学会第一届年会时讲到：理论这件事是很重要的，中国革命有了许多年，但理论活动仍很落后，这是大缺憾……应加紧理论研究。毛泽东还对如何开展理论学习谈了自己的观点。1941年5月19日，他在延安高级干部会议上做《改造我们的学习》的报告，强调对于在职干部的教育和干部学校的教育，应确立以研究中国革命实际问题为中心，以马克思列宁主义基本原则为指导的方针，废除静止地、孤立地研究马克思列宁主义的方法。为此，1942年2月28日，中央发布了《中共中央关于在职干部教育的决定》，规定在职干部教育应以业务教育、政治教育、文化教育、理论教育四种为范围，并分别指出了各范围的内容和教学措施。

1939年5月20日，毛泽东在中央干部教育部学习运动动员会上讲话指出：

---

① 中共中央文献研究室：《毛泽东书信选集》. 北京：中央文献出版社，2003年，第68页。
② 中共中央文献研究室：《毛泽东哲学批注集》. 北京：中央文献出版社，1988年，第136页。

干部学习

共产党要领导几千万几万万人的革命，假使没有学问，是不成的。学习的方法是"挤"和"钻"，工作忙就要挤时间，看不懂就要钻进去。中国本来把读书就叫攻书，读不懂的东西要当仇人一样攻之。在延安已经组织有哲学小组、读书小组等，已经见了功效。我们这个干部教育制度很好，是一个新发明的大学制度，是一所无期大学。自古以来真正有学问的人，都不是从学堂里学来的。进学校只是进一个门，要求得更进一步的学问，一定要在学校外边学习，要长期研究。学习的最大敌人是不学到底，懂一点就满足了，满足是学习的最大顽敌。大家都要学到底，把全党变成一个大学校。①

在中共中央以及毛泽东等中共领导人的号召和

---

① 中共中央文献研究室：《毛泽东年谱（1893—1949）》（修订本）中卷，北京：中央文献出版社，2013年，第126、127页。

带动下，延安、陕甘宁边区以及各个抗日根据地的党员、干部、职工都高度重视理论学习，力求取得实效。1940年6月6日，在延安在职干部教育周年总结大会上，朱德讲话指出，"虽然已经取得了很大进步，但在前方学习中也存在困难。首先是缺乏教师。去年邓小平带了两个马列学院毕业的同志到前方去，走到半途，便被别人从后面把那两个同志留下了，于是乎打官司，打了整整半年，结果还是从总司令部抽了两个能教书的同志去替他们'顶赎'回来。前方太缺乏教师了，有马列主义修养的同志到前方去的越多越好，我们都欢迎……我们的第二个困难便是书本子。最近延安给山东送去一二百本《联共党史》，但是他们只收到七本，为什么呢？半途上你一本，我一本地被抢光了。为了解决这个困难，我们办了规模不下于延安的印刷局，延安出

鲁艺学员在学习

了一本新书，我们马上就翻印，但是还是供不应求。"①

据曾是七大代表的王宏谋回忆：

> 在延安，中共中央组织部的干部学习，在陈云学习小组的领导下，是享有盛名的。……当时陈云同志提出"读本本书"，就是每周规定读几十页，然后组织讨论，提出问题，还专门聘请教员帮助指导学习。有时也组织学员进行试讲，并逐页进行质疑。坚持首先要弄通理论原则，然后提出问题，号召把各种意见和问题都提出来，组织大家进行热烈地自由争论，最后大家在讨论中取得统一认识。通过这种方法，我们先后学习了《列宁主义概论》《共产党宣言》《政治经济学》《联共（布）党史》等马列原著。同时结合学习了《中共党史》和毛主席的著作，这也就是马克思主义与中国实际情况相结合的学习方法。②

延安时期担任中央组织部部长的陈云为大家在理论学习方面做出了表率。在学习中，陈云重视同志们不同观点的争论，强调要善于听取不同意见，启发大家多思考问题，提倡提出不同意见。讨论中相互吸收正确意见，纠正错误意见，但不强加于人。使人认识到相互争论，就是一种相互比较、辩证认识和提高的过程，最后做到坚持真理、修正错误、统一认识。

1940年春，中宣部成立了哲学学习小组，中宣部部长张闻天任组长，艾思奇任学习指导员，帮助写学习提纲，作学习辅导。艾思奇每一两个星期写一节，每节之后附有参考书目和讨论参考题，总共有十几万字。提纲发下后大家先自学，然后每周六上午开讨论会。学习小组有一百多人，除中宣部干部外，还有其他中央机关的同志参加，包括朱德、李维汉、徐特立、萧劲光、莫文骅等领

---

① 《朱德同志在延安在职干部学习周年总结大会上的讲话》，《解放》1940年7月第110期。
② 王宏谋：《回忆"七大"代表在延安的学习生活》，西安市政协文史资料委员会编：《忆延安》（西安文史资料第17辑），西安：陕西人民出版社，1991年，第91页。

1. 陈云在延安
2. 张闻天在陕北

导同志。所有参加讨论的人,自带小板凳或小马扎,地点就在中宣部所在地蓝家坪山脚下一间破旧的四面透风的大平房里。每次讨论会,有一两位同志做专题发言,讨论中大家各抒己见,自由争论,张闻天常通过发言或提问进行引导。大家常常提问或插话,有时艾思奇当场解答不了,就谦虚地说:"让我想一想,下次再谈。"后来这个学习小组与陈云同志领导的《资本论》学习小组还被评为延安干部学习的两个模范小组。①

曾在马列学院工作的邓力群回忆当时理论学习的情况:张闻天组织《资本论》学习小组,花了一年半的时间把第一卷全部学完。在谈到学习马列主义的必要性时,张闻天指出:机关枪能打死人,这是事实,但是革命不能光靠机关枪,没有马列主义,分不清敌我,你就不知道该向谁扫射,乱打一通,可能打不准敌人,反而伤了自己的同志。所以有了机关枪,也还需要马列主义,才能认清方向……

---

① 温济泽:《和艾思奇同志相处的日子》,《延安中央研究院回忆录》,长沙:湖南人民出版社,1984年,第203、204页。

敢于提出问题,敢于辩论问题,同志式的讨论。1939年国民党第一次反共高潮,组织了一次辩论会。毛泽东《新民主主义论》中"驳顽固派"就是"我去驳一驳你们,看能不能驳倒"①而来。

当时,许多中央领导同志都参加了读书活动。张闻天领导了《辩证唯物主义和历史唯物主义》学习小组;陈云领导了《政治经济学》学习小组,武衡和中央青委的许多同志都参加了这个小组的学习,陈云对小组的学习非常严格,每星期学习讨论一次,他亲自规定学习内容、读书的篇目和页数,下个星期学习会开始,他都亲自检查,看有什么问题,然后再集体讨论;胡乔木领导了《资本论》学习小组;于光远领导了《自然辩证法》学习小组,他们在学习恩格斯《反杜林论》和《自然辩证法》时,用的是德文原版书,一边学习,一边翻译,集体学习讨论,徐特立多次参加《自然辩证法》

延安《解放日报》1944年7月31日社论《发扬在职干部学习的范例》

---

① 邓力群:《我对延安马列学院的回忆与看法》,吴介民主编:《延安马列学院回忆录》. 北京:中国社会科学出版社,1991年,第18页。

的学习辅导，给大家讲解。①

1944年7月31日，延安《解放日报》为中共西北局奖励23位学习模范发表《发扬在职干部学习的范例》的社论。社论指出："西北局对于二十三位文化学习模范的奖励，是一件具有重大教育意义的事情，因为这些同志的学习精神及其成功的经验，不仅对于目前以学习文化为主的大多数区乡级干部是一个极大的兴奋和鼓励，而且也是全体在职学习的干部所应予以重视的。"《解放日报》1944年10月11日第二版也刊发消息：《杨家岭举行盛大晚会 庆祝六十七位学习模范》。显然，延安时期崇尚理论学习已经深入人心。

---

① 于光远、武衡、王仲方，等：《延安中山图书馆》，武衡主编：《抗日战争时期解放区科学技术发展史资料》第5辑，北京：中国学术出版社，1986年，第371页。

马列主义的最高学府——延安马列学院

延安马列学院是一所专门从事马列主义学习、研究和宣传的干部学校。

为了提高全党的理论水平,在全党范围内开展一场马克思主义教育运动,1938年5月5日(马克思诞辰120周年纪念日),中国共产党在延安成立了马克思列宁主义学院(简称"马列学院")。院址在延安北郊蓝家坪。院长由中共中央宣传部部长张闻天兼任,副院长为王学文。

马列学院学员白云峰回忆:

马列学院旧址

> 马列学院位于延安城北郊,离市区较远,校址在一个山坡下,依山面水,校舍有部分简易平房,大部分是半山坡上的土窑洞。礼堂是

一座大草房，可以容纳几百人开会听课用，礼堂内没有桌凳，每人各有一个小坐凳。①

马列学院的领导体制是党政合一的，在院长领导下由党的总支委员会主持日常工作。整个领导机构不过十几个人。

马列学院创办伊始，学员三四百人，最多时设六个班和相应的一些研究室。学员主要由两部分构成。一是参加革命多年或在国统区做过地下工作者的老干部，二是青年知识分子。一般经过考试入学，又大都经过抗大、陕公、党校的初步训练，具有较高的文化水平和理论学习条件。课程有哲学、政治经济学、联共党史、中国革命问题、近代世界革命史、党的建设等。

为了让一部分学员有深造的机会，从第一班第二期开始，学院抽调骨干教员和部分理论基础较好的学员组建了几个研究室。如杨松负责指导中国问题研究室，王学文负责指导政治经济学研究室，艾思奇负责指导哲

抗战初期的范文澜

---

① 白云峰：《从北平到延安》，西安市政协文史资料委员会编：《忆延安》（西安文史资料第17辑），西安：陕西人民出版社，1991年，第417页。

研究室，吴亮平负责指导马列主义基本问题研究室，范文澜负责指导中国史研究室，李维汉兼任中国问题研究室主任，还有柯柏年、何锡麟、王实味等人组成的编译室。所有这些研究室，也都各设立支部。参加研究室的同志除从事研究工作外，还兼任讲课。

为了加强对马列原著的研读，中共中央专门抽调精通外语又有一定理论水平的同志，在院内成立编译部，张闻天兼任主任。先后编译出版马克思、恩格斯、列宁、斯大林的著作共 32 种，达几百万字。1941 年马列学院编译部撤销后，又于 1942 年成立中共中央编译局。这些著作的翻译和出版，促进了马克思列宁主义广泛而深入的传播。

1941 年 7 月延安马列学院改组为"马列研究院"。9 月 8 日，中共中央召开书记处会议，决定马列研究院改名为"中央研究院"。12 月 17 日，中共中央发布《关于延安干部学校的决定》，规定"中央研究院为培养党的理论干部的高级研究机关，直属中央宣传部"，院长仍由张闻天兼任，副院长范文澜。

毛泽东曾经在党的六届六中全会上指出：如果我们党有一百个至两百个系统地而不是零碎地、实际地而不是空洞地学会了马克思列宁主义的同志，就会大大地提高我们党的战斗力量，并加强我们战胜日本帝国主义的工作。毛泽东等中央领导人十分重视马列学院的教学工作。毛泽东、周恩来、刘少奇、陈云、邓发、艾思奇等经常去学院做报告或讲课，比如毛泽东做《战略和战争问题》《新民主主义论》，周恩来做《国内外形势与大后方统一战线》，朱德做《华北战场》，邓小平做《华北抗战形势与敌后根据地建设》，彭真做《关于晋察冀形势》，董必武做《关于大后方形势》，陈云做《党的建设》《怎样做一个共产党员》的报告，等等。

1939 年 7 月，刘少奇在延安马列学院讲授《论共产党员的修养》[①]的党课，

[①] 1939年，刘少奇（时任中原局书记）在河南省确山县竹沟先后给2800多名党员干部做了《共产党员的修养》的报告。经过多次补充修改，又加了"论"字，使之成为《论共产党员的修养》初稿。

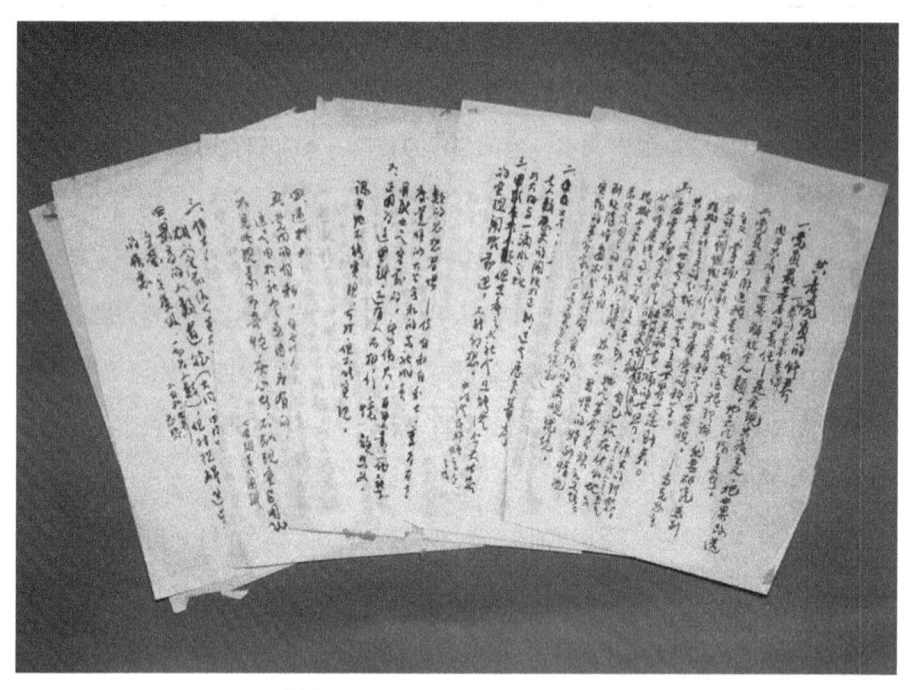

刘少奇《论共产党员的修养》手稿

阐述了共产党员加强党性锻炼和修养的重要性。毛泽东赞誉《论共产党员的修养》讲稿是一篇"提倡正气,反对邪气"很有用的文章。

马列学院除了倡导理论联系实际的学风外,还在学员中提倡民主的学风,目的在于培养"敢作敢为,具有独立思想的干部"。因此,学院要求学员在学习中要敢于怀疑,敢于提出问题,敢于发表意见,善于进行辩论。学员不仅可以参阅各种不同流派的学说与主张,还可以看到国统区的书报、杂志,甚至可以将不同意见发表出来。对于不正确的思想,用说服、解释与共同讨论的方法来纠正,结果使学员"研究三民主义以后,对共产主义的信仰更加加强了"。

马列学院学员吴介民总结学习收获时谈道：

通过马列学院学习，我了解了马克思列宁主义的基本原理，资本主义的形成和发展过程，资本主义的实质，……了解了中国共产党领导中国革命的历史，新民主主义革命是社会主义革命的必经阶段，共产主义是中国共产党最后的奋斗目标。在这之前，我的抱负是打日本救中国，日本帝国主义打倒了，革命任务也就完成了。对什么是社会主义、共产主义，为什么要进行社会主义革命和实现共产主义的途径在思想上是模糊的。学习了马列主义理论，脑子里有了精神支柱，眼界开阔了，目标明确了，一个共产党员不仅要积极投入抗日救国的斗争，而且要为在中国的土地上实现共产主义、为全人类的彻底解放而奋斗，从而树立起远大理想，

在延安学习的西北根据地部分干部在延河边合影。

坚定了推翻旧社会创造新社会的胜利信心。①

马列学院从1938年5月开办至1941年5月改组止，共招收过五个班（即五届），第一班80多人，二、三、四班各100多人，第五班不到100人，再加上为准备参加党的七大代表专门开的两个班100多人，这样前后学习过的学员有八九百人。

1943年春，陕甘宁边区开始第三次精兵简政，根据中央书记处会议决定，5月4日，中央研究院合并于中央党校，改为中央党校第三部。

延安马列学院办学5年来，为提高全党的马克思主义理论水平，培养了一大批"学会把马克思列宁主义的理论应用于中国的具体的环境"的理论工作者，为"使马克思主义在中国具体化"②做出了重要的贡献。

---

① 吴介民：《难忘的一课》，《延安马列学院回忆录》．北京：中国社会科学出版社，1991年，第227页。
② 毛泽东：《毛泽东选集》第2卷，北京：人民出版社，1991年，第534页。

延安电波

"这里是延安新华广播电台,X-N-C-R,现在开始广播……"20世纪40年代,从延安上空传递出来的电波,不知鼓舞和影响了多少守候在收音机前的听众。

1940年春,为了配合党的中心工作,第一时间传递中央的声音,党中央决定成立由周恩来担任主任,新华社社长向仲华、中央军委三局局长王铮等为委员的广播委员会,筹建延安新华广播电台,并于当年的12月30日开始播音。按照国际上的惯例,延安新华广播电台呼号是XNCR,X代表中国,NCR是New Chinese Radio(新华广播电台的缩写)。

延安新华广播电台所在地位于延安西北部王皮湾。王皮湾离延安城约有40里地,延安新华广播电台建在村对面的山坡上,有两孔石窑洞,用来做发射机房和发电机房。播音室是十几平方米的一孔土窑洞,窗户是用边区生产的毛边纸糊起来的,洞内的四周钉着延安生产的灰毛毯,做

位于延安西北川王皮湾的延安新华广播电台机房和动力间

隔音用。一张两屉的白楂木桌，一只话筒和一本字典，还有一台破旧的手摇唱机和二十几张唱片，就是播音室的全部装备了。①

最早的播音员是从中国女子大学调来的麦风（徐瑞璋）和姚雯，后来又从女大调来肖岩担任播音员。

延安新华广播电台每天上、下午各播音一次，每次一小时左右。1943年春，因机器故障，电台停播。②1945年9月迁至盐店子，后到裴庄重新开播，并调整为每天中午、下午各播音一次：一次在中午11点半到12点半，一次在下午6点到7点，共计两小时。节目有《新闻》《记录新闻》《通讯》《评论》《解放区介绍》《解放区政策讲话》《故事》等。前四个节目的稿件是根据文字广播稿改写的，后几个节目的稿件是电台工作人员自己组织或编写的。文字广播面向全国，重点是对解放区，口头广播也面向全国，重点是国民党统治区和日寇占领区。从1946年9月5日起，也就是延安电台恢复播音一周年起，又把下午的播音时间延长了半小时，增加了《演讲》《广播评论》《人民呼声》等节目。③当时没有录音设备，请人演讲都是到播音室直接播出。朱德、林伯渠、王震、廖承志等都到播音室播讲过。1946年10月3日，王震将军在广播电台进行了《人民军队是不可战胜的》的演讲，介绍了三五九旅突破敌人重重包围，南征北返的事迹，呼吁全国人民反对蒋介石打内战，产生了很好的反响。王唯真是当时新华社编辑，是菲律宾回国华侨。1946年为揭露蒋介石发动全面内战的企图，他受延安归国华侨联合会委托写了《告侨胞书》的文章，并到延安广播电台用广州话、闽南话和国语三种口语播出。④1946年10月10日

---

① 肖岩：《延安播音生活回忆》，苏力编：《延安之声》，西安：陕西旅游出版社，1990年，第255页。
② 据温济泽回忆，1945年9月延安新华广播电台重新恢复广播后，随着新华社的改组，后由军委三局管理的广播电台的发射台和播音室，也划归新华社统一管理。原来播音室在西北郊裴庄，发射台在盐店子，离新华社所在地清凉山有30里左右，这时就搬到离清凉山不到5里路的文化沟。以后，又搬到更近一些的北关。当时美军观察组住在北关，用电的条件比较好。（温济泽：《回忆延安和陕北新华广播电台》，《新闻与传播研究》，1985年第4期。）
③ 温济泽：《回忆延安和陕北新华广播电台》，《新闻与传播研究》，1985年第4期。
④ 王唯真：《延安广播的萌芽时期——编辑人员的工作、学习、劳动和生活》，中国广播电视学会史学研究委员会、北京广播学院新闻传播学院新闻系编选：《延安（陕北）新华广播电台回忆录新编》，北京：中国广播电视出版社，2000年，第106页。

"双十节"起,广播电台先后邀请了林伯渠、李鼎铭、廖承志、何思敬、李敷仁、张仲实等著名人士结合当时开展的"美军退出中国"运动进行了主题演讲,在实际斗争中发挥了重要的作用。

1941年12月3日,延安新华广播电台的第一位日籍播音员原清志(原清子),对在华的日本侵略军开始了日语播音,从而拉开了日语广播的序幕。原清志出身于日本一个贫困家庭,1937年3月来到中国,后来与曾在日本留学的中国丈夫程明升先后参加了八路军,1941年10月奔赴延安,参加了日语广播的筹备及正式播音,每周用日语播音一次,每次半个小时,广播的内容包含抗日战报以及日本反战同盟的活动等。据毛动之引述军委三局第一处

延安新华广播电台播音室

《1941年工作总结》:"根据对日广播频率附近突增的干扰情况推测,这种广播已有相当的成效。"①

据当时担任延安新华广播电台播音员的麦风(徐瑞璋)回忆:

> 印象最深的是关于皖南事变的宣传。1941年1月下旬的一天下午,通讯员骑马来到电台,送来了当天的广播稿——毛泽东亲自撰写的《中国共产党中央革命军事委员会发言人对新华社记者的谈话》……接到稿件,我们连晚饭也不想吃了,早早地进了播音室,点上小油灯,一遍又一遍地备稿。播音时间一到,我先播了一遍,小姚(姚雯)又重播了一遍。我们几乎拼出了全身的力气,想使每句话,每个字都像子弹一样,射进国民党顽固派的胸膛!冬夜是寒冷的,可是我们播完音的时候,却已经满头大汗了。②

电台还播放文艺节目。1941年夏,毛泽东把他保存的二十几张唱片送给了延安新华广播电台。③但即使有了这二十几张唱片,也很不够用,播音员不仅要播音,还要学着唱歌、演戏,并根据宣传工作的需要,表演一些文艺节目。如演唱《五月的鲜花》《游击队歌》《黄河大合唱》《大刀进行曲》《延安颂》等等。④遇到重大节日,还请总政文工团和鲁艺的同志到电台演播文艺节目,有时文工团的人比较多,窑洞里站不下,就站在窑洞前的山坡上为大家演出,有时候山坡附近羊叫的声音也混着播出去了。⑤

1946年2月2日,为了欢度春节,延安新华广播电台于中午播放了音乐和平剧节目。音乐节目由鲁艺的艺术家们进行表演,有对唱《打花鼓》、秧歌

---

① 毛动之:《延安台开设日语广播的回忆》,中国广播电视学会史学研究委员会、北京广播学院新闻传播学院新闻系编选:《延安(陕北)新华广播电台回忆录新编》,北京:中国广播电视出版社,2000年,第117页。
② 徐瑞璋:《重返延安忆当年》,中国广播电视学会史学研究委员会、北京广播学院新闻传播学院新闻系编选:《延安(陕北)新华广播电台回忆录新编》,北京:中国广播电视出版社,2000年,第109页。
③ 赵玉明:《延安新华广播电台筹建和试播始末》,《新闻与传播研究》,1980年3期。
④ 肖岩:《延安播音生活回忆》,苏力编:《延安之声》,西安:陕西旅游出版社,1990年,第256页。
⑤ 温济泽:《回忆延安和陕北新华广播电台》,《新闻与传播研究》,1985年4期。

剧《夫妻劳军》、民歌《夸女婿》《信天游》《划旱船》等，还有小提琴、二胡独奏和演奏家张贞黻的大提琴独奏。平剧①节目则由延安平剧院担任，有《逼上梁山》中的《长亭》，《三打祝家庄》中的《探庄》和《珠帘寨》等。

延安新华广播电台的工作紧张而艰苦。广播稿件是由位于清凉山的新华社编辑部提供的，这些新闻来源包括陕甘宁边区、各解放区和蒋管区的我们的记者采写的新闻，以及苏联的塔斯社、美国的合众社、美联社、德国的海通社、意大利的安尼塔社、日本的同盟社、国民党政府的"中央社"等。每昼夜选择的稿子平均约150篇，共7万字左右。对于编辑写好的广播稿，属文字广播稿的由中文译电组译成码字交电台发出，口播稿则由通讯员送往王皮湾，交播音员播出。②由于编辑部和播音室不在一起，中间还隔着一条延河，每天为了按时把广播稿送到播音员那里，编辑部同志要赶编稿子，常常顾不上吃午饭。通讯员送稿子要跑几十里路。遇到延河发大水，河水猛涨，通讯员只好把广播稿用油布包好顶在头上，泅水过河。

1947年9月11日，延安（陕北）新华广播电台开始了英语播音，每天晚上20点40分播出，时长20分钟。内容主要是关于中国时事、解放区新闻等方面的简明、真实的报道。③英国学者林迈克1944年5月来到延安，作为一名无线电爱好者，他曾为延安新华广播电台建造了一部可以将信号发射到美国旧金山和南印度洋的电台发射机。美国青年李敦白1946年抵达延安，在新华广播电台从事电讯技术和英语播音工作。

延安新华广播电台用电波传递着党中央的声音和抗日民主根据地的生活风貌，《解放日报》为此还开辟"广播"栏，经常发表有关新华广播电台的消息

---

① 即京剧。1928年6月20日至1949年9月27日，北京曾改名为北平，因此京剧也在一段时期内被称作平剧。
② 王唯真：《延安广播的萌芽时期——编辑人员的工作、学习、劳动和生活》，中国广播电视学会史学研究委员会、北京广播学院新闻传播学院新闻系编选：《延安（陕北）新华广播电台回忆录新编》，北京：中国广播电视出版社，2000年，第104页。
③ 中央人民广播电台研究室、北京广播学院新闻系：《解放区广播历史资料选编》（1940—1949），北京：中国广播电视出版社，1985年，第83页。

1944年8月，新华社开创了对国外的英文广播。图为新华社副社长兼英播部主任吴文焘（右2）与英播部编辑沈建图（右1）、陈庶（右4），英籍专家林迈可在办公窑洞前合影

和文章，并选择一些广播稿在该报发表，从而扩大了宣传影响。①

中共中央、毛泽东非常重视延安新华广播电台的宣传作用。1941年5月15日，毛泽东为中央书记处起草了"中央关于出版《解放日报》等问题的通知"，指出："一切党的政策，将经过《解放日报》与新华社向全国宣达，《解放日报》的社论，将由中央同志及重要干部执笔。各地应注意接收延安的广播。重要文章除报纸刊物上转载外，应作为党内学校内机关部队内的讨论与教育材料，并推广收报机，使各地都能接收，以广宣传，是为至要。"在5月25日中央《关于统一各根据地内对外宣传的指示》中要求"各地应经常接收延安新华社的广播，没有收音机的应不惜代价设立之"。

1943年7月19日，毛泽东致电新华社负责人

---

① 赵玉明、曹焕荣、哈艳秋：《延安（陕北）新华广播电台发展概略（一九四〇年——一九四九年）》，《新闻与传播研究》，1980年1期。

博古、陆定一，要求把陈伯达写的批判蒋介石《中国之命运》的文章在《解放日报》上全文发表，同时连续两三天进行广播，每天"广播两次"，并印成小册子，"以此作一次大宣传"。1944年3月21日，延安《解放日报》报道了延安市完全小学春季招生时学生增加一倍的消息：延安市完全小学在去年上半年以前，教学方针脱离群众，教的是天下国家大事，很少陕甘宁边区的事情，在学校所学的不能为群众服务，因此群众不愿送子弟入学。从去年下半年开始，听取了群众意见，改变了教学方针，教学内容增加了记账、写信、写路条、写契约、珠算等，自编一些介绍边区的乡土教材，受到群众的欢迎。毛泽东在宣传工作会议上对此提出表扬，认为这是一个很好的新闻，还应当广播到全国去。

延安新华广播电台不仅在各根据地革命与建设中发挥了重要的指导和宣传作用，而且在国统区、沦陷区甚至海外也产生了很大的影响。特别是在国民党严厉查禁进步报刊的环境下，广播成为向国民党统治区进行宣传的有力工具。国统区我党地下工作人员和进步青年，经常抄收延安广播，然后秘密传播或者改头换面在报刊上刊登。曾在北平地下党学委任职的陆元炽回忆起1947年第一次收听延安新华广播的情景：

第一次收到延安广播那天，孙逊同志（陆元炽从事地下工作时的直接领导）也在我家中，和我一起收听。当听到收音机喇叭传出反复呼叫"延安新华广播电台，XNCR"和播送《兄妹开荒》中"雄鸡雄鸡高声叫"的开始曲后，播音员开始播音，这时，孙逊同志虽然极力控制着感情，但还是禁不住张开臂膀，把我的双肩拥抱起来。①

海外侨胞办的《华侨导报》《怡保日报》等报纸也刊登过延安新华广播电台的记录新闻。据曾在延安新华广播电台工作的温济泽回忆：广播电台曾经接

---

① 陆元炽：《编印〈新闻资料〉的前前后后》，中国广播电视学会史学研究委员会、北京广播学院新闻传播学院新闻系编选：《延安（陕北）新华广播电台回忆录新编》，北京：中国广播电视出版社，2000年，第322页。

到过从南京、北平、重庆、昆明等地听众突破重重封锁寄到延安的信。他们把在蒋管区听到的延安广播比作"茫茫黑夜里的灯塔"。1946年6月,原国民党空军上尉刘善本驾机起义飞到延安,他告诉我们,他就是收听了几个月延安台的广播,看清了国家民族的前途,又听了延安权威人士关于反对美国国务院提出军事援蒋法案的声明以后,下决心离开内战的漩

1947年3月,设在瓦窑堡郝家沟小庙的陕北新华广播电台旧址

涡,投奔延安的。他到延安后,在延安台对国民党空军同事做过两次广播讲话。以后又有一批国民党空军人员陆续投奔到解放区。①

1947年3月14日下午6点,延安新华广播电台从延安撤退到陕北瓦窑堡后,电波从瓦窑堡上空再次发出:"我们是延安新华广播电台。XNCR……"3月21日,电台改名为陕北新华广播电台,并继续在瓦窑堡播音。在此后的两年中,随着解放战争的胜利推进,延安新华广播电台又从瓦窑堡迁到太行山涉县的沙河村,后来又转移到河北省平山县的山沟里。1949年3月25日,随着中共中央和人民解放军总部一起进驻北平。

---

① 温济泽:《回忆延安和陕北新华广播电台》,《新闻与传播研究》,1985年4期。

延安中山图书馆

延安时期,大家都如饥似渴地进行学习,因此,最受欢迎的要算遍布延安城各处的图书馆了。位于延安文化俱乐部所在地大砭沟的中山图书馆,作为延安时期规模最大、影响最广的公共图书馆,就是其中的典型代表。

1937年5月,为满足各机关干部阅读书报的要求,中共中央决定在延安建立以孙中山先生名字命名的中山图书馆。图书馆一开始就成立了理事会,并制定了中山图书馆章程。此后还三次在《解放》周刊刊登了由理事董必武、林伯渠和徐特立三人联合署名的《陕西延安中山图书馆启事》,宣布"同人等为纪念伟大救国领袖起见,且鉴于在迅速完成抗日一切准备之过程中应在文化上、理论上武装民众头脑,发起中山图书馆于陕西之延安",呼吁"全国各文化机关、救国团体与各救国先进对敝馆赐以各方面之援助,广为捐助各科书籍,以及杂志报章"。

延安中山图书馆

1938年,由于日本飞机对延安的频繁轰炸,中山图书馆馆址也被炸毁,被迫停止开放。1939年秋,为满足延安各机关、学校和各界人士学习研究的需要,中央决定将中山图书馆恢复扩建为公共图书馆,陕甘宁边区政府主席林伯渠任馆长,由中央青委领导并负责筹备。该馆建成后,胡乔木、李昌、于光远和武衡先后任图书馆主任。毛泽东、彭德怀等中央领导同志以及八路军总政治部、陕甘宁边区政府等军政领导机关都为筹建中山图书馆捐了款,马列学院、中央党校捐赠了大批书籍,周恩来还专门安排八路军驻重庆办事处为中山图书馆购买书刊,并妥善运回延安。

中山图书馆的馆址选在西北青救会所在地大砭沟,这里有许多文化机关。沟口是全国青联和东北救亡总会延安分会,沟里有青年俱乐部、文化俱乐部、八路军军政学院等文化机关,所以又叫作青年文化沟。工作人员最先是在沟里一公里多的阳坡上打了三孔大的窑洞,并在窑前盖了三间平房作为馆舍。随着图书、报刊日益增加,读者越来越多,后来又在附近挖了十四

1. 1939年12月23日《新中华报》第3版报道:扩大中山图书馆另建新馆址
2. 陕甘宁边区政府主席林伯渠兼任中山图书馆馆长

读者纷纷到图书馆借阅书籍

孔窑洞，除三个用作办公室外，其余的作为书库和阅览室，毛泽东专门给新馆址题了"中山图书馆"的馆名。当时延安的不少人纷纷来这里借书、阅览，成为大砭沟一景。

中山图书馆的藏书规模在当时的延安是最大的。据1940年7月正式开馆时统计，图书有5000余种，约1万册，全国各地出版的报纸杂志则不下百种。这些藏书有几个来源：一是1938年敌机轰炸前的中山图书馆的藏书；二是中央青委安吴堡青训班结束前后运到延安的一批书刊；三是冯文斌、胡乔木等从国统区带回来的一批图书；另外还有个人捐赠的，如续范亭捐的一套《古今图书集成》，可以说是中山图书馆大部头的书了。还从新华书店买了一批,主要是莫斯科出版的马克思、恩格斯、列宁和斯大林的著作中文本和俄文本。

当时在中山图书馆工作的王仲方回忆,他曾找到新华书店的负责人王林,搞到一批马列著作的精装本,一麻袋、一麻袋地从北门外背回大砭沟。此外,中山图书馆还多次在《中国青年》《新中华报》《新华日报》《解放日报》《解放》周刊上刊登征集图书及请求各界募捐的启事。全国各地爱国抗日人士以及重庆、桂林、昆明、西安等地的进步书店纷纷给中山图书馆寄赠书报。此外,馆里还经常收到香港同胞、海外侨胞和巴黎与东南亚各国的国际友人寄来的书报杂志。到了1943年,中山图书馆的藏书已达3万册。

曾在延安学习的马来西亚归侨廖冰清回忆:自己从西安出发去延安,在西安火车站被警察检查行李时,从箱底里搜出斯诺的《西行漫记》,正在担心之时,被旁边的一个警察一把推开,有惊无险地离开了。后来他停下来整理东西,发现那本《西行漫记》没有了。可是,这本题名赠给"廖冰清同志留念"的《西行漫记》,第二年却戏剧性地摆在延安中山图书馆里。他和大家分析议论,肯定当初遇到的那位"警察"就是我们的同志。[①]

因排练新编历史剧《逼上梁山》而受到毛泽东高度赞赏的杨绍萱介绍了从中山图书馆借书的情况:

> 在中央党校排演这出戏剧时,我还记得何思敬曾跑到延安中山图书馆,把中、外有关戏剧的书籍,都搜集到中央党校来了,从而在传统平剧的基础上"恢复了历史的面目,从此旧剧开了新生面",开辟出了"旧剧革命的划时期的开端"。[②]

[①] 李彬:《抗日华侨与延安》,西安:陕西人民出版社,1995年,第45页。
[②] 杨绍萱:《在中央党校排演〈逼上梁山〉》,艾克恩主编:《延安艺术家》,西安:陕西人民教育出版社,1992年,第14页。

中山图书馆所在地大砭沟有西北青救会机关、文化俱乐部、青年俱乐部等，文化活动频繁，许多干部、战士、群众都来阅览室学习，图书馆为大家提供了良好的学习环境和丰富的精神食粮。1940年至1941年，延安开展读书会活动，中山图书馆成了读书活动最便利的场所。于光远当时主持的读恩格斯《反杜林论》《自然辩证法》的读书会，就是在中山图书馆的大窑洞进行的。1941年7月，延安成立图书馆协会，会址即设在中山图书馆，这里也成为延安图书馆同行相互学习与交流的中心。

中山图书馆还主动为陕甘宁边区建设提供服务和文献支持。如为推动边区"三三制"民主政权建设，帮助延安各界了解和研究宪政问题，中山图书馆设立了宪政问题材料室，专门搜集各种宪政材料，并编辑了《宪政论文选集》《宪政论文索引》，这些

新编历史剧《逼上梁山》剧照

材料一经印出，延安的机关、学校等各界人士纷纷前来借阅，一时供不应求。中山图书馆还办有《时事资料》《世界大事表》和《每日全国报纸杂志论著索引》三种定期刊物，很受大家欢迎。

  作为抗日战争时期中共中央和陕甘宁边区政府所在地延安规模最大的公共图书馆，中山图书馆密切配合抗战形势的需要，利用图书报刊，为中国革命战争以及边区建设这一中心任务服务，在传播马列主义、宣传党的路线、提高广大干部群众的理论与文化水平、教育与动员民众等方面发挥了积极的作用。

毛泽东的演讲范儿

1944年曾作为美军观察组成员来到延安的包瑞德，在后来的回忆中对毛泽东的演讲风范赞不绝口：

> 他（毛泽东）给我留下一个极为好的演说家的印象。他总是神态自如。当他清楚地、有效地提出他们的观点时，他并不咆哮如雷，也没有看天空、敲桌子等不自然的表情……他引用的辛辣幽默的民间谚语，不时引起听众一阵阵大笑。如果有过一个演讲家通过手势吸引他的听众，那么就正是毛泽东。①

1938年，毛泽东给抗大学员做报告

延安时期，毛泽东的许多重要思想和观点都是通过在报告会、座谈会以及各种晚会上的演讲来体现的，《为人民服务》《纪念白求恩》《愚公移

---

① [美] D. 包瑞德著，万高潮，卫大匡译：《美军观察组在延安》，北京：解放军出版社，1984年，第60页。

山》，以及《改造我们的学习》《整顿党的作风》《在延安文艺座谈会上的讲话》等我们耳熟能详的代表文章，最初都是在各种活动中，由毛泽东的现场演讲或讲话整理而来。

作为党的主要领导人，毛泽东高度重视宣传思想工作，也高度重视各类人才的培养工作，其中的重要体现，就是毛泽东乐于并善于通过演讲、演说、报告、座谈等方式，进行工作部署和思想宣传动员，延安所开办的各类学校尤其是干部学校，也经常邀请毛泽东出席开学典礼、毕业典礼以及做报告，尤其是毛泽东所做的报告，主题鲜明，语言风趣幽默，受到大家的热捧。

曾在抗大学习的王仲方回忆：

1937年抗大三期三大队的同学们看到油印

毛泽东给抗大学员做报告

的教材《矛盾论》、《实践论》，是毛泽东给抗大二期学员亲自讲授的。大家提出也要听毛泽东亲自教授，一直等到1938年3月快毕业时突然听说毛泽东答应大家的要求，在他凤凰山住处的院子里"开小灶"，每天下午讲两个小时，一连讲了好几天。边讲边回答学员提的问题。每次讲课结束，大家请毛泽东在笔记本上题字签名。开始时毛泽东一本一本地题，后来看到堆集的笔记本越来越多，他就说我抱回去题好再还你们，于是便卷起上衣，把一大摞笔记本捧进屋里，第二天又一本一本发给大家。其亲切之情十分感人。①

1942年5月底，毛泽东在延安文艺座谈会后为鲁艺师生做报告，同样给大家留下难忘的印象：

毛主席提出了"小鲁艺"与"大鲁艺"的正确关系问题，他还讲述了一个成语小故事，说贵州的毛驴不认识老虎，只会叫三声、用后腿踢，本事就这么多，结果被老虎吃掉了。以此来教育不深入到群众生活斗争中去学习，本领老是那么一点是不行的，等于黔驴技穷了。他勉励师生员工努力工作和学习，要把深入体验群众生活作为正常的课来上才好。②

王宏谋回忆起毛泽东1941年在马列学院开学典礼上的报告，令他印象深刻：

1941年秋，马列学院改为中央研究院，毛泽东兼院长，在开学典礼上亲自给大家作"党的路线问题"的报告。他以通俗易懂的语言，生动的

---

① 王仲方：《延安风情画——一个"三八式"老人的情思》，北京：中国青年出版社，2010年，第151页。
② 张望：《从桥儿沟、杨家岭深入生活——回忆延安文艺座谈会前后的往事》，孙新元、尚德周编：《延安岁月》，西安：陕西人民美术出版社，1985年，第330页。

总结了党的历史经验教训。他把第一次大革命在右倾机会主义领导下失败的经验教训归结为陈独秀的"土"办法,使轰轰烈烈的大革命失败;他指出第二次国内革命战争时期,第三次"左"倾路线,王明的"洋"办法给革命带来的严重损失,直到遵义会议,才挽救了革命的危机。毛主席讲得非常生动、深刻和形象。……他说猪走路碰了头还会掉方向,而"机会主义"就是脱离实际的主观主义,还不如猪。犯了错误、碰了头还不调转方向,碰呀碰,直碰得头破血流,还是昏昏然。他的诙谐语言,引得大家哄堂大笑。①

毛泽东善于根据不同的听众对象,用大家都能听得懂并且是形象化的语言来描述。1943年,毛泽东在延安杨家岭礼堂给参加劳动模范报告会的艺术家们讲话,讲到末了,他向文艺界发出号召,说像艾青、丁玲等会写文章的同志,要去写这些模范们;像古元这些画菩萨的要去画他们。当时在现场的鲁艺学员古达后来总结:他把画家说成是画菩萨的,让在座的农民英雄们一听就懂又觉得有趣,对我们爱说学生腔的人听来,是出人意外的语言艺术。②

1939年7月9日,毛泽东应邀在桥儿沟天主堂西侧广场上为几千名准备奔赴抗日前线的华北联大师生们演讲。演讲前,全体同学献给毛泽东一面旗,所以演讲就从献旗开始。毛泽东说:同志们送我一面旗帜,我收了。但我要还给同志们三面旗帜,作为送你们上前线的礼物。这三面旗帜,又叫三个法宝。当年姜子牙(姜太公)下昆仑山,元始天尊赠与他杏黄旗、方天印、打神鞭三样法宝。现在你们出发上前线,我也赠你们三样法宝,这就是统一战线、游击战争、革命团结。接着,毛泽东对三样法宝一一作了讲解。③

---

① 王宏谋:《回忆"七大"代表在延安的学习生活》,西安市政协文史资料委员会编:《忆延安》(西安文史资料第17辑),西安:陕西人民出版社,1991年,第92、93页。
② 古达:《童年在故乡》:孙新元、尚德周编,《延安岁月》,西安:陕西人民美术出版社,1985年,第79页。
③ 刘益涛:《十年纪事——1937—1947年毛泽东在延安》,北京:中共党史出版社,2007年,第100页。

当时在延安马列学院学习的段苏权回忆:

|1|2|
1. 毛泽东在做报告
2. 奔赴抗日前线

> 给我印象最深的是听毛泽东和周恩来同志讲课。那是一天下午,大约2点多钟,毛泽东同志到学院来讲《中国革命战争的战略问题》。我们坐在有长条凳的课堂里,边听边记,毛泽东同志来时很简单,没有人陪同,也没有随从。上课时,他站在一张条桌前,不用讲稿,点燃一根香烟就讲起来。由于他做过小学教员,很懂得教育心理学,因此很会抓住学员的注意力。

他主要围绕中央根据地三次反"围剿",讲战争和战略问题。毛泽东同志亲自参加并指挥了三次反"围剿",情况非常熟,敌我兵力、地形地名、双方的战略战术等情况,他都记得非常清楚,讲课像摆龙门阵,语言幽默,常常使人忍俊不禁。特别是他讲到活捉张辉瓒时,边打手势边讲,活龙活现,大家听得简直入神了。战争战略问题,历来被视为高深莫测,但在我们的课堂上,却变成了易学易懂的革命真理。①

延安时期曾近距离观察毛泽东的美国记者史沫特莱认为,毛泽东在抗大和陕北公学上课,在群众大会上做报告,和他的谈话一样都以中国社会的日常生活和丰富历史为根据。涌到延安的知识青年,习惯于从苏德等国的少数作家的作品中吸取精神养料,毛泽东则对学生讲自己的祖国和人民、民族的历史和大众文艺。②

1944年,作为美国《联合劳动新闻》《纽约时报》《时代》杂志的记者,爱泼斯坦参加了中外记者西北访问团来到延安,并与毛泽东进行了多次交谈,毛泽东睿智的见解和对事物的洞见力,令他难以忘怀。在后来的回忆录中,爱泼斯坦写道:

> 现在我想简单地谈一下毛泽东是怎样地展示和分析问题的。
>
> 有一个方面是给人印象最为深刻的,那就是他能够把十分复杂的战略思想用极简单又极深刻的话表达出来,即使没有文化的人也能理解他的话的意思和道理。这不是某种把事情简单化的手法而是一种才能——他的头脑非常清楚,又能简明形象地去说服别人。他一生的经历从当教员开始不

---

① 段苏权:《一生奋进总思源——忆延安马列学院》,吴介民主编:《延安马列学院回忆录》,北京:中国社会科学出版社,1991年,第219、220页。
② 武原、曹爽:《外国人眼中的中共群星》,成都:四川人民出版社,1991年,第9页。

是没有好处的。

举一个例子。1945年第二次世界大战结束时，共产党领导的部队开进了许多中等城市。在以前的20年里，这些部队从来没有进过城，所以当1946年内战开始时要他们撤出这些城市，他们很难接受。但当时的形势又非撤出不可。毛泽东用一个很简单的比喻就使他们很快信服了。他是这样说的：

你设想一下，你在等车到别处去。一个强盗来抢你的行李包裹。你是不是该拖住每件行李不放呢？最好别这样做。让他把能拿的都拿去，甚至于你还要他把所有的东西都背上，两只手也都拿着东西。等他摇摇晃晃想走，一拳打在他脑袋上，他和所有的东西就都让你拿下了。

这段话在实质上就是用来粉碎国民党军队的取胜的战术。国民党军队要分兵把守新占领的城镇，兵力分散便难以运动。解放军灵活机动，没有包袱，可以到处破坏交通并在必要时集中兵力作战。最后解放军以最小的代价收复了失去的城镇，国民党

伊斯雷尔·爱泼斯坦

守军则被俘或被歼。①

1938年5月20日,毛泽东在延安在职干部教育动员大会上风趣地说道:中国人一向说"攻书",要进攻,不能只保守。老把一本书摆在面前,不加深研究,叫作"守书"。古人说校对为"校雠",就是说,要把错字当作仇人看待。后来在为《中国工人》创刊号撰写的《发刊词》中,毛泽东写道:希望《中国工人》"多载些生动的文字,切忌死板、老套,令人看不懂,没味道,不起劲。"②应该说,毛泽东的演讲正是这种风格的典型代表,也体现出他作为党的领袖的独特的演讲风范。

---

① [美]伊斯雷尔·爱泼斯坦著,沈苏儒、贾宗谊、钱雨润译:《见证中国:爱泼斯坦回忆录》,北京:新世界出版社,2004年,第206、207页。

② 中共中央文献研究室:《毛泽东年谱(1893—1949)》(修订本)(中卷),北京:中央文献出版社,2013年,第168页。

投豆豆——延安选举

说起延安时期的选举,大家最熟悉的就是当时所采取的"三三制"政权结构以及以投豆豆为代表的各种选举方式了。这也是体现中国共产党抗日民族统一战线政策在政权建设方面最典型的事例。

中共中央进驻延安后,高度重视边区的民主政权建设。1937年5月23日延安《新中华报》刊登了"陕甘宁边区选举条例",提出"采取普遍的直接的平等的无记名的选举制,保证实现彻底的民主"。同时发布了《陕甘宁边区议会及行政组织纲要》,为了便于群众理解,还以图示的形式列出了"陕甘宁边区议会和行政组织系统表"。1939年1月陕甘宁边区第一届参议会通过的《陕甘宁边区选举条例》,规定采取普遍、直接、平等和无记名的投票选举制,选举边区、县及乡三级参议会的议员,组织边区、县及乡参议会,并对选举资格、选举人数比例等进行了具体规定。

1940年3月6日,

陕甘宁边区选民用投豆方式选举

中共中央在《关于抗日根据地的政权建设》文件中明确指出:"抗日根据地的政权是民族统一战线的,是一切赞成抗日,又赞成民主的人们的政权,是几个阶级联合起来对汉奸和反动派的民主专政",规定在政权人员组成中"共产党员只占三分之一"。1941年5月1日,中共中央批准发布了《陕甘宁边区施政纲领》,进一步阐明:"本党愿与各党各派及一切群众团体进行选举联盟,并在候选名单中确定共产党员只占三分之一。在共产党员被选为某一行政机关之主管人员时,应保证该机关之三分之二为党外人士充任。共产党员应与党外人士实行民主合作,不得一意孤行,把持包办。"根据该"施政纲领",边区政府及时颁布了《陕甘宁边区组织条例》

1939年1月,陕甘宁边区第一届参议会参议员合影

1941年11月，陕甘宁边区第二届参议会参议员合影

《陕甘宁边区选举条例的解释及实施》《陕甘宁边区各级参议会组织条例》《陕甘宁边区各级参议会选举条例》等选举法规、法令和方针政策。

"三三制"政权的创建与发展，对落实党的抗日民族统一战线政策，增强各方面各党派团结，动员全民抗战，有着重要的意义。每当选举条例规定的"乡每年一次，县两年一次，边区三年一次"的改选期限到来时，特别是在1937年、1941年和1945年三级同时进行的普选运动中，边区境内到处是热火朝天的民主选举景象。据《陕甘宁边区第一届参议会的政府工作报告》，1941年开展普选时，选民"参加选举的百分比，平均为百分之八十，绥德、清涧、延川三县竟达百分之九十五左右"。关中马栏的许多老年妇女，冒着大雨，骑着毛驴，从几十里外赶来投票。选举中，选民们畅所欲言，行使自己的权力，一个候选人提出来大家就公开讨论，既肯定成绩，又指出缺点；既投当选票，又提否定某人为候选人的意见。安塞县四区一个乡长因工作消极，脱离群众；蟠龙区一、二、五乡乡长因官僚主义严重，不能代表群众利益，均被取消了候选人资格。

1939年1月17日至2月4日，边区参议会在延安举行了陕甘宁边区首届参议会。到会议员145人，其中不仅有共产党员，而且还包括国民党员和无党派人士：有工农小资产阶级的代表，也有商人、地主、富农的代表。

1941年11月6日至21日，在延安召开了陕甘宁边区第二届参议会第一次全体议员代表大会，在选举议员时，由于共产党员候选人偏多，王世泰、萧劲光等6名共产党人主动退出选举；选政府委员时，也因共产党员候选人偏多，超过比例，谢觉哉、王维舟、马文瑞等12名共产党员便主动退出选举。1946年4月陕甘宁边区三届一次参议会选出的12名常驻议员中，共产党员占4名；19名政府委员中，共产党员占6名；新选议员中共党员占35.9%，较好地体现了"三三制"原则。

当时，由于边区文化落后，文盲和半文盲较多，所以每次选举都采取机关、城镇、学校实行写选票，农村实行投豆豆的两种选举方式。

木刻《投豆豆选好人》是木刻家肖肃1945年在延安下乡期间所创作的作品，也是对这一选举经历的真实再现。

据他回忆，1945年秋天，他还在陕甘宁边区文协美术工作委员会时，曾为参加乡选工作，到延安县西川乡去了数月，并住在年轻的乡文书家的土窑洞里。当时日本军国主义侵华战争失败投降签字以后，我边区军民正进行精兵简政，从基层开始建立民主政权。全边区每个县、区、乡政府的干部，都分别下到基层，向人民群众征求对政府工作的意见；听取人民的批评建议，以便及时改进工作。在民主选举方面，为了让当地文化水平低，识字很少的民众能把自己熟悉、满意的代表选出来，创造出了一种适合选举乡、县、边区三级人民代表的选举方式，即投豆豆。

他不仅直接参与了"乡选"前后动员群众的工作，参加过几个片的农村会议，还在两个村选乡人民代表的过程中做过具体工作，因此，在工作中真切地

木刻《投豆豆选好人》
肖肃 1945年作

了解了基层选举的实际情况,作为艺术家,他也及时抓取了许多有典型性的人物形象、动态和农村环境。后来,他根据在乡下所作的速写素材,很快刻成两幅黑白木刻——《投豆豆选好人》和《人民有权向政府批评建议——农村会议》。①

边区当时还流行着两首《选举歌》:

金豆豆,银豆豆,颗颗不能随便丢。

选好人办好事,步步引咱走正路。

满洼高粱哪一个高?人里头挑人数谁好?

---

① 肖肃:《为大众的艺术》,孙新元、尚德周编:《延安岁月》,西安:陕西人民美术出版社,1985年,第298、299页。

思量又思量，比较又比较，

把那好人名字上选票。

1945年2月1日上午，美国纽约时报记者马丁、美联社记者罗约翰、法国通讯社记者柔尔生，曾赴延安市南区南郊乡七里铺参观村民选举会。三名记者细心观看了墙壁上的选举标语、候选人名单等，并一一加以询问。当选民将选票纷纷投入票箱时，罗约翰拍摄了投票的镜头，并感叹地说："一切都好，就像选举所应做的那样好。"①

《解放日报》1945年12月24日刊发了《陕甘宁边区的普选运动》，其中写道：

陕甘宁边区的普选运动：边区不论大村或小镇都提出了红榜。榜上写着选民的名字。许多村镇都有黑板报、墙报，登着选举的消息；秧歌队在街上唱歌跳舞，宣传选举，把候选人的履历写在彩板上抬着游行。

延安时期选举活动的盛况，于此可见一斑。

---

① 《三位外籍记者参观人民选举》，《解放日报》，1945年12月2日，第2版。

生活检讨会

1938年，时任美国海军陆战队上尉、美国驻华使馆助理海军武官的埃文思·福·卡尔逊在八路军敌后根据地进行了为期三个月的考察，受毛泽东的指派，欧阳山尊等人陪同前往。欧阳山尊后来回忆：在为期3个月和3000余公里的行程中，卡尔逊和我们建立了真挚牢固的情谊。他不因年长而以老大自居，也不以自己是美国人而感到什么"优越"，他虚心地学习八路军的优良传统和战斗经验，努力

美国海军陆战队上尉埃文斯·福代斯·卡尔逊。右为1938年5月9日毛泽东给卡尔逊的信

使自己适应当地的环境和生活方式。他和我们一起吃农民的粗茶淡饭；和我们一起在土炕上休息；如果只有一匹为他准备的马，他就和我们一起徒步行军；我们开生活检讨会的时候，他也要求参加，并请我们向他提意见，对他进行批评。①

被欧阳山尊提到的美国军官卡尔逊也要参加的"生活检讨会"，是延安时期同志之间交流思想、互相帮助、共同进步的时代风尚的重要体现。

延安时期特别注重开展批评与自我批评，从全

民主批评会 石鲁 作

---

① 欧阳山尊：《建立在真诚、平等基础上的友谊》，《光明日报》，2014年8月30日，第7版。

党来说，通过全党范围内严肃认真的党内整风运动，纠正了各种党的指导思想上的偏向，达到了全党在思想统一基础上的空前的团结；从个人来说，通过理论学习、听取报告、组织谈话、同志间谈心等方式，注重开展批评与自我批评，从而在思想上、工作上不断进步。而被广泛采用的生活检讨会就是其中深受大家欢迎的一种有效方式。

在延安，每周都有一次生活漫谈会，开展批评与自我批评。大家都本着同志间团结互助的精神，有啥说啥，不讲客套，偶尔也有争得面红耳赤的，但并不强加于人，争完就过去了，不存什么事。这种直率的批评与自我批评反而使同志间的关系更为融洽。[①]边区师范学校即使在学习、生产非常紧张的条件下，也坚持开展每周一次的生活检讨会。"这期间，一周一次的生活检讨会照常进行。通过批评和自我批评，同学们互相关心、互相帮助，随时随地克服这样那样的缺点、错误。（一九四零年）七月间，我们一二三队还联合举行过一次'思想斗争会'，'斗争'三队同学毛雪华，在允许被批评者申辩的情况下，开展了严肃的批评。原因是他和生活队长张英杰发生争吵后，竟动手打人，引起同学公愤……毛雪华在批评的声浪中受到了冲击和感染，诚诚恳恳地表示追悔莫及，并向队长当场行礼道歉。"[②]

1939年在延安出版的《陕甘宁边区实录》记录了抗大开展自我批评和生活检讨的情况：

> 自我批评与检讨在"抗大"是促进学习锻炼生活的一个基本原动力。一般说来，每个人都有自己的优点与缺点，优点是成功的要素，缺点是失败的根苗。克服一切的弱点，发扬各种长处，便是生活检讨的任务。

[①] 胡琦等：《延安自然科学院创办的经过》，《延安自然科学院史料》，北京：中共党史资料出版社、北京工业学院出版社，1986年，第396、397页。

[②] 袁良：《在党的怀抱里成长》，西安市政协文史资料委员会编：《忆延安》（西安文史资料第17辑），西安：陕西人民出版社，1991年，第476页。

事实上许多教育上的困难和障碍都在生活检讨制度下粉碎了。个别学员的散漫松懈，不负责任，自暴自弃，高傲自大，不诚实或摆架子，都足以侵蚀革命青年的生命，也造成教育上的困难，这都要靠生活检讨来克服。互相批评是站在革命同志的立场，帮助他克服弱点，诚恳坦白，是出发于革命的友爱，而不是揭发隐私。自我检讨，是教育自己也是教育别人，不是故作谦抑，也不是向大家悔过。惟其如此，生活检讨制度绝不影响学员间的感情，相反地，由于大家的诚恳坦白，更增加了彼此的团结友爱。①

赵超构的《延安一月》

曾在延安抗大和马列学院学习过的王仲方回忆：

我们这批青年学生，批评别人容易，自我批评难。但是集体生活，彼此相处，要想处得好，遇到不一致的事，只有批评与自我批评才能解决。学会并习惯批评与自我批评，也成了我们进入延安生活的必修课，成了我们终生取之不尽用之不竭的法宝。……加上有批评与自我批评，所以同志之间即使生气，也很少吵架，

---

① 齐礼：《陕甘宁边区实录》．解放社，1939年，第134页。

有事摆在桌面上谈，何必吵架。①

曾在延安抗大学习的董实丰在观看中央机关的一次文艺晚会时，遇到了当时司空见惯但对他来说却是第一次遇到的场景：

> 这次晚会演了《阿Q正传》，还有些小节目如《放下你的鞭子》等。其间，中宣部副部长吴亮平突然在观众中站了起来，大声批评剧中的某些情节。我第一次遇此场合，感到惊异。吴批评后，没人说话，戏接着演下去。②

曾带领西北战地服务团在前线宣传抗战的丁玲，1937年写了一篇报告文学《一次欢送会》，其中描述了他们对一位叫王淇的战友通过民主生活会进行批评教育的情景：

1937年丁玲在华北抗战前线

> 王淇站起来说："过去你们批评我，是为我好，我不能了解，我不接受，总怀疑你们是攻击我，这只显得我的愚昧，我请求你们原谅……

---

① 王仲方：《延安风情画——一个"三八式"老人的情思》，北京：中国青年出版社，2010年，第24、82页。
② 董实丰：《回忆延安抗日军事政治大学》，西安市政协文史资料委员会编：《忆延安》（西安文史资料第17辑）. 西安：陕西人民出版社，1991年，第111页。

"最后，我向你们要求的，就是尽这最短的时间，把你们曾看到过的，感到过的我的缺点，统统指出来，我要把它放在心上，时时记着，好纠正它。我要记住你们给我的同志式的爱护；我很难过，这样的生活今后于我恐怕很少了。"

……

（大家）一个一个的轮流说话，坦白、直率、热诚、亲爱，王淇都是用心地听，贪婪地要求更多的批评，我特别又把塞克请了来，我以为这可以供给他一些材料，年轻的人，求进取的热情真使人感动呵。

欢送会开了三个钟头，并没有人嫌疲倦。我想参加那会的同志们，谁也不会忘记王淇同志的。①

赵超构在《延安一月》中对延安开展的批评与自我批评风气印象深刻：

从延安的行政人员观察延安的政风，第一特点是实事求是，不谈空话，不唱高调，不迷信洋教条，不拘泥一定的形式，而只是面对现实，从实际上考虑办法解决困难。……第二个特点是相当办到了业务的专注与机关人员的精简。……第三是检讨的认真与批评的严肃。②

延安时期所开展的生活检讨会活动，甚至感染了外国人。前文所提的第一位考察中国抗日根据地的美国军人卡尔逊在当时写给美国总统罗斯福的信中，对八路军及其领导人积极开展批评与自我批评赞赏有加：

八路军的领导人是这样一群中国人，他们对人生处世的态度、他们的行为品德更加接近我们，而不像其他任何中国大集团那样。我总是发现这

---

① 丁玲：《一次欢送会》.《丁玲文集》第4卷，长沙：湖南人民出版社，1984年，第100、101页。
② 赵超构：《延安一月》，上海：上海书店出版社，1992年，第228页。

个集团的成员都忠厚老实，可以信任，不推诿含糊，办事不拖拖拉拉。我在前一封信曾告诉过您，他们在道义上相当能自律。这个集团若是答应你办什么事，哪怕是付出生命的代价，他们也会保证兑现诺言。他们不推诿托辞。他们总是批评自己，欢迎别人批评他们，说只有知道缺点，才能改正错误。①

延安日本工农学校是中国共产党为了改造日本战俘所创办的学校，学校位于延安宝塔山半山腰。1944年10月，有吉辛治作为美军观察组成员来到延安，观摩了日本工农学校的教学和学员生活，其中还详细记录了日本工农学校学员开展民主生活会的情况：

一天晚上，我去旁听和了解自我批评会的情况。我走近一间暗淡的窑洞，只有一盏没有罩子的小油灯照明。我们大约是20个人，共有两个炭盆，每个炭盆周围坐了约12个人取暖，主席和书记坐在一张桌子旁。第一个进行自我批评的学员把自己的板凳移到桌旁，他30几岁，是一个小组长，负责三个窑洞的学员。当他开始自我批评时，人们从烟雾腾腾的窑洞昏见里，把目光都投向他。

作为开场白，他说："在以往的批评会上，有人指出我自满，不联系群众。我知道我骄傲自大，有个人主义……我现在努力学习，但近来我很少用讲义和笔记，因此可能有人以为我拒不学习……"

他各方面问题都谈了不少。在他终于停下后，会议主席请大家表态。大家犹豫了一阵。当学员们思考如何发言时，闪烁的油灯影子照映在墙壁上。第一个报名发言的学员从暗淡的角落里说，小组长来到延安后没有丝毫进步，尽管让他担任了小组长。

---

① 中国之友卡尔逊（上），卡尔逊致罗斯福总统的信，1938年3月4日于中国汉口美国大使馆，《光明日报》，2014年8月30日，第7版。

下一个学员说："你曾经说'这个学校像牢房'。现在，请你告诉大家，你说这句话是什么意思？"

由于灯光照射显得红光满面的主席请小组长回答问题。小组长说，那不过是一句笑话。有2名学员当即纠正说他不该讲那样的笑话，小组长接受了该项批评。

我越听越意识到在这间暗淡的冷窑洞里人们的态度和思想正在被改造。这个事实给我留下了深刻的印象，我从未见过类似的情况。窑洞里充满了这群认真的人在寻求真理的严肃气氛，他们感到他们的过去已经死亡。日本军方也已经把他们的骨灰送回家中，他们的亲人也正在哀悼他们……

讨论会就像这样继续到深夜，分析小组长的政治思想和日常言行。在冰冷的窑洞里，那些学员就像《圣经旧约》中的先知那样，没完没了地数说着他们这位同事的弱点。

会议主席的高大影子照在墙壁上，他站起来作总结。小组长详细地记笔记，并为了保暖不断地向手哈气。

小组长说："我是一个凡人，不可能一夜间改造过来，但从明天起，我一定努力去做。"

于是好几位同事大声提议说："不是明天，而是马上。"他们要求他起码应该采取这样的态度……

学校总管，被改造好的日本战俘高山最后总结说："我们正在为自己的新生奠定基础。作为侵略性的军国主义士兵，我们犯过错误，我们不能再犯错误了。如果有缺点冒头，应该通过自我批评予以消灭，对别人的批评应该出自善意，应该是建设性的而不是恶意的。大家都应该互相帮助……受批评的人必须立即改正！起码应该抱那种态度。我们不仅要改造自己，而且要成为把军国主义的日本改造成为人民民主国家的先锋队。"①

---

① [美]艾丽斯·M.比彻特、爱德华·D.比细特：《有吉辛治回忆录》，南昌：江西教育出版社，1997年，第39页。

改造二流子

20世纪40年代的延安街头,由真实人物故事创作出来的秧歌剧《钟万财起家》正在热火朝天地上演。秧歌剧反映的是曾经是二流子的钟万财发家致富的故事。有趣的是,钟万财本人和观众一样,也在津津有味地观看着,同时美滋滋地享受着大家钦羡的目光。

当时负责鲁艺工作的周扬,在文章中这样描述道:

1945年,毛泽东、刘少奇与鲁艺负责人周扬在交谈

> 钟万财供给了《钟万财起家》一剧以完全的材料,他看了这个剧的预演,而且当这个剧在他那里演出的时候,他几乎是每场必到的观客。其余群众都以羡慕的眼光看着他,他们都愿在剧中看到自己,实际上他们是已经看到了,不过姓名不同罢了。当演到钟万财从二流子转变的过程的时候,观众中的二流子就被人用指头刺着背说:看人家,你怎办?①

---

① 周扬:《表现新的群众的时代——看了春节秧歌以后》,《解放日报》,1944年3月21日,第4版。

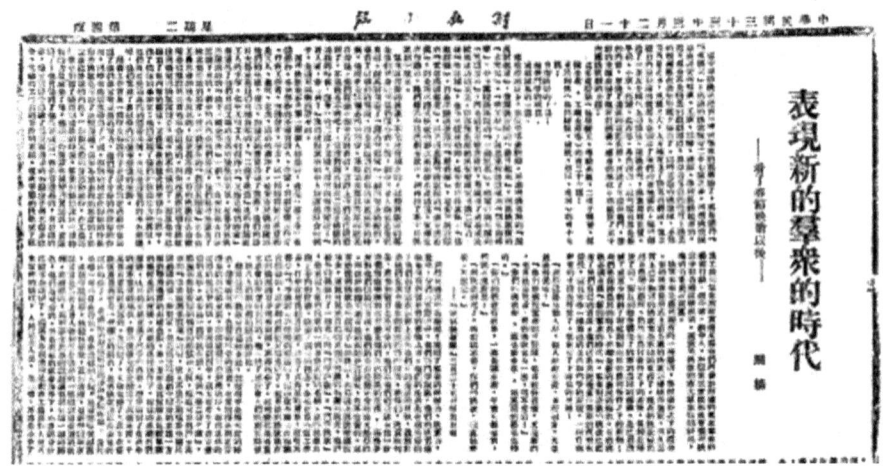

延安《解放日报》1944年3月21日第四版刊发的周扬的文章《表现新的群众的时代——看了春节秧歌以后》

这个场景也典型地反映了延安时期关于二流子改造的时代风貌。

"二流子"是边区群众对那些好吃懒做、游手好闲之人的俗称。由于陕北地区经济文化落后，交通不便，保守封闭，使得二流子在边区普遍存在。据调查，1937年延安县人口为3万左右，流氓地痞二流子人数就有1692人，占到总人口比例的5%。二流子的大量存在不仅影响社会风气和良好的乡村习俗，而且容易被汉奸特务收买利用，具有一定的社会危害性。因此，中国共产党来到延安后，就把改造二流子作为发展边区经济，稳定社会秩序，巩固基层政权，改善乡村民风的重要举措。

边区政府把是否有生活来源作为主要标准，将二流子分为二流子、半二流子和有二流子习气的公民三类。规定"完全无正当职业而靠不良行为维持生活者为二流子；有正当职业，又兼靠不良行为为生活手段者为半二流子；完全靠正当职业为生活手段但染有不良嗜好或不良习气者不算作二流子，而应算作有不良嗜好或二流子习气的公民"。针对不同的人群，采取不同的治理措施。

首先是从政策上引导和鼓励二流子参加生产劳动。1941年《陕甘宁边区施政纲领》中指出"给社会游民分子以土地耕种，取得职业与参加教育的机会，纠正公务人员及各业人员中对游民分子加以歧视的不良习惯。"为此，陕甘宁边区各地都给当地的二流子分有土地，帮助他们解决农具困难，使其生活有着落。甘泉、佳县将不事生产的二流子集中到县、区政府，编成二流子生产队，由县或区干部亲任组长，带领其生产；延安县乌阳区将18个二流子组成扎工队，"不仅每人往年荒芜的土地去年都锄了两三遍，而且由于劳动认真，各村群众还争出较高的工资，抢着拉他们去锄草。1942年10月的西北局高干会议后，改造二流子参加生产成为一项普遍的群众运动。边区采取引导教育与群众监督帮助相结合，劝说感化与强制处罚相结合的方式，动员和组织二流子参加生产，使其变成自食其力的劳动者。

其次是采取说服教育的办法，对二流子进行感化。

延安《解放日报》1943年4月24日第四版刊发了真夷写的《笑话二流子》（顺天游调），还专门注明是"农村妇女儿童嘲笑二流子唱的"：

延安《解放日报》1943年4月24日第四版刊发的《笑话二流子》

鸡娃子叫来狗娃子咬,看那二流子过来了!
快来看他那□样子!你撒泡尿来照照各自,
好好的庄稼你不种,常年像老鼠钻地洞。
爹娘养你不成材,你又抽洋烟又耍牌。
捉定什吗①吃什吗,人家说你是贼娃娃。
等到太阳照屁股,醒来吃上些糠糊糊。
吃净了粮食吃籽籽,二流子你早晚要讨吃。
有饭喂你不胜喂狗,凭什么养你这二流流。
你婆姨也恨来你儿也嫌,二流子顶个□不蛋。
不要上我家串门子来,怕你把懒劲串进来。
二流子你长得也像个人儿,为甚不好好的过光景儿。
二流子二流子快回头,劳动起来甚也不愁。

  对少数拒不转变的二流子,边区则采取相应的强制性措施。如延安市为二流子制定公约,内容包括不染不良嗜好、不串门子、不招闲人、不挑拨是非、要有正当职业、如有违反罚工等。各乡村将二流子名单在村民大会上公布,把"二流子编成小组,每组选出一小组长,依照所定公约互相督促,规定生产期间,一切义务动员,概由二流子负担,二流子的门上和身上佩带以二流子的证章,只有在真正参加生产之后才可取消"。

  经过一段时间的努力,边区乡村改造二流子取得了明显的成效,有许多二流子还转变成了劳动能手,如吴旗的刘生海,原来是二流子,没吃没穿,经过改造后,努力生产,并被选为边区劳动英雄。《解放日报》报道:第一,是把这不劳动的为非作歹的寄生虫,改造成了新社会的好公民。由于他们的改造,就大大消除了赌博、吸烟、串门子、招野汉、偷窃财物、好吃懒做、挑拨是非、宣传迷信、敲诈钱财种种旧社会上残余的不良现象,同时这些二流子不务正业、

---

① 即什么,延安话把"什么"读作"什吗"。

生活无着落，有的加入了汉奸特务组织，有的则成为汉奸特务所常利用的对象，所以改造他们也正是锄奸自卫的一个前提和条件。第二，特别重要的是这些人的转变，对于边区经济的发展起了很大的作用。第三，二流子的改造更加激励了群众的生产情绪和对政府拥护的热忱。①

鲁艺教师王式廓结合延安当时开展的改造二流子活动，创作了套色木刻《二流子转变》（后改名《改造二流子》）。这个木刻作品也成了王式廓的代表之作。王式廓的爱人吴咸回忆了这幅木刻的创作背景以及人物构图情况，她说这是式廓深入生活后才创作出来的：

套色木刻年画《改造二流子》

---

① 《边区二流子的改造》，《解放日报》，1944年5月1日，第4版。

一九四三年大生产运动,毛主席作了一个报告,题目是:《组织起来》,里面谈到改造二流子的问题,要改造他们,让他们参加劳动。《解放日报》社论也谈到这个问题。……他(王式廓)曾给我讲过画中人物的身世和思想感情,那个指着二流子婆姨的老大爷是村干部,非常诚恳耐心地给二流子讲利害关系,似乎在说,看看你的老婆孩子多么可怜……坐在磨盘上的是二流子的婆姨,很苦,怀里还抱着一个婴儿;那个二流子的大孩子也很可怜,站在旁边的老太太很同情他;另一个老大爷摊开双手,似乎在说:你年轻轻地这样下去,怎么对得起婆姨和娃子?背向群众的那个农民性格就比较强烈,伸出一只手指着二流子责骂他,也许是二流子的一个亲属,他背上背着一条绳子,式廓是有意图的,衬托这农民的烈性子,他会说:你再不改把你捆起来。其他老乡有的撇嘴,有的旁观;右下角的孩子穿着红衣服,戴着围嘴,衣衫整齐,正好和二流子的孩子形成对比。二流子穿得很破烂,穿双破鞋,脚趾头都露在外面了,坐在一段木头上。听了大家苦口婆心的说服教育,他的心动了,低着头,两个胳膊紧紧抱着自己的肩膀,抬不起头来,感到羞耻,后悔了,痛哭流涕,表示愿意改。[①]

经过扎实有效的动员、教育与引导,陕甘宁边区的二流子很快得到了改造。《解放日报》还刊发了这方面的典型报道近百篇,如《二流子转变的模范,刘生海勤劳成家,在杨朝臣影响与帮助下,二流子纷纷转变》(1943年3月27日)、《延县二流子改悔自新,何永清向高交运挑战,种地十垧全家参加劳动》(1943年3月30日)、《二流子转变的好榜样,张俊青计划开荒十二亩,苏占有早起晚归劳动积极》(1943年4月14日)等。

[①] 吴咸:《忆式廓同志》,孙新元、尚德周编:《延安岁月》,西安:陕西人民美术出版社,1985年,第233、234、235页。

新秧歌运动

提到延安时期的文化活动,就不能不提到大秧歌,也自然会想到《兄妹开荒》《夫妻识字》等著名的秧歌剧,以及王大化、李波等大名鼎鼎的文化名人。

秧歌,是流传在陕北民间的一种古老艺术形式,是由秧歌、小场子、推小车、跑旱船、莲花灯、梅花鼓、腰鼓等组成的民间集体舞蹈。舞者一般都是男性,演出时装扮成男女老少、各行各业的人物,手持扇子、

秧歌剧《兄妹开荒》

手帕、彩绸或一些表现人物身份、职业的道具，在锣鼓等乐器的伴奏下跳出各种舞姿，变化出各种队形来。开始和结束为大场，即变换队形的集体舞；中间穿插小场，即两三个人表演的带有简单情节的舞蹈或歌舞小戏。因其红红火火而深受人们的喜爱，每逢年节，闹秧歌便成了人们主要的娱乐方式。延安文艺座谈会后，广大文艺工作者积极响应党中央的号召，深入群众，深入边区生活，与最广大的工农兵群众相结合，并从中汲取营养，在艺术创作上进行新的探索，利用老百姓所熟悉的民间艺术形式，结合新的时代内容，加以改造，以适应广大的农村群众、新战士和干部的欣赏要求。1943年，鲁艺音乐系的师生们在陕北传统秧歌的基础上，创作出集戏剧、音乐、舞蹈于一身的综合性广场歌舞表演形式，谓之新秧歌。

刚开始的时候，由于对改造旧形式这一问题解决得不彻底，秧歌队的节目中还遗留了一些旧秧歌的不健康的内容。

据曾在鲁艺学习的李波回忆：一开始演《拥军花鼓》秧歌剧时，还没有从传统的秧歌剧中解放出来，王大化扮成了小丑，抹了白鼻子、白嘴唇、白眼圈，头上还扎了许多小辫子。后来就看不到丑角了。一开始作为领头的伞头扮成个丑婆子，脸上一块红一块白，耳朵上还戴着两个红辣椒。后来就改造成领头的手里握着镰刀斧头，具有了时代气息。老百姓纷纷说道："以前你们戏剧系装疯卖傻，音乐系哭爹喊妈，美术系不知画啥，文学系写的一满解不下，这回是'一满解得下'，都能看得懂了，并亲切地称这支新秧歌队是"鲁艺家的秧歌队"。①

在李波的回忆中，他们一天要赶好几场，总有近百名老百姓跟着走，常常是演员走几处，他们也跟着看几场，还有的人一大早带着干粮跟着我们跑，有的人对我们的节目已经非常熟悉了，一边看一边仔细地向新来的观众介绍情况，说哪个节目好看，现在该怎么怎么了，该谁出场了，等等，好像他们自己也是这个秧歌队的成员一样，一直跟到我们回来进了校门，他们才回家。

---

① 李波：《黄土高坡闹秧歌》，艾克恩主编：《延安艺术家》，西安：陕西人民教育出版社，1992年，第106页。

鲁艺秧歌队入场,持大旗者为欧阳山尊

在《兄妹开荒》中扮演哥哥的王大化很会演戏,表情生动,因此观众特别喜欢他,很多看过鲁艺宣传队演出的老乡,再去看时,不说去看秧歌,只说"去看王大化去",一时间,王大化成了延安人心目中的明星。

以鲁艺为代表的新秧歌活动受到边区老百姓的热烈欢迎。鲁艺教师马可回忆了1943年春节秧歌队到绥德、米脂巡回演出的情况:

那天正下着大雪,我们在高高低低的山沟里走了一天,又冷又累。这时候,忽然看见一支群众的队伍,敲锣打鼓,到岔路口来欢迎我们。我们每人手里都拿着一把扫帚,这使我们觉得很奇怪。我们一

毛泽东与延安川口乡秧歌队员在一起

问,才知道他们是看见天下了雪,怕坡上路滑不好走,为我们扫路来了。从村子到这个岔路口有多远呢?——有足足十里!他们就是这样扫开十里雪路来迎接"亲人"!许多同志感动得掉下了眼泪。①

安波也描述了1943年春节鲁艺秧歌队演出的盛况:

表演开始了。观众在看演员,而我却在看观众。我看到他们的脸上开始露出莞然的笑痕,接着争先踮高脚尖,继而向前拥挤。他们的眼睛睁得通明,忽然迸发出一阵笑声,接着又是一阵笑声。特别是当他们看到王大化和李波二同志表演的《拥军花鼓》时,竟然发出一阵热烈的喝彩!……天哪,我高兴极了!……我们演了一场又一场,观众也一场比一场多。当秧歌队行进时,观众前呼后拥,左跑右奔,人流拖到一二里长……在第三天演出时,观众竟然和演员们一同歌唱起来:"1943年,1943年,秧歌旱船闹呀闹得欢!"②

---

① 马可:《从秧歌剧到〈白毛女〉》;艾克恩主编:《延安艺术家》,西安:陕西人民教育出版社,1992年,第354页。

② 安波:《一段最美好的回忆》,艾克恩主编:《延安艺术家》,西安:陕西人民教育出版社,1992年,第359页。

这些秧歌剧，都有着鲜明的时代主题，并结合当时的工作需要，起到了寓教于乐的作用。赵超构在《延安一月》中，对此做了精彩的描述：

据说变工队开始组织之时，民间还有许多疑虑，（秧歌剧）《动员起来》就把民间所有的疑虑，借张栓婆姨的口中提了出来，而一一给以解释，在各地演出以后，一般农民所不敢提出来的疑虑都消除了。据说有些农民听到张栓婆姨和村民辩论时，听婆姨说一句，他们就喊一声"变不成哩"，听到村长的答复，他们又喊一声"变成哩"，如是反复"变不成哩"，"变成哩"，一直看到完场。……这种剧本，要说它宣传的效果，是成功的。①

《解放日报》对鲁艺宣传队1943年的春节演出进行了生动的报道：宣传队演出了40余场。从延安南门外到北门，从古老的城墙外到东区的乡村，人们都跟随它。演出《旱船》《花鼓》《推车车》《四川连响》《快板》等。到东乡罗家坪演出时，打花鼓的人唱到：猪呀，羊呀，送到哪里去？老百姓接上唱：送给那英勇的八路军。②

在鲁艺秧歌队的带动下，延安的其他艺术团体和工作单位也纷纷组织起了秧歌队，并排练起了秧歌剧，既有《兄妹开荒》《夫妻识字》《红布条》《拥军花鼓》等小型秧歌剧，后来还发展到《周子山》《动员起来》《牛永贵挂彩》等一批大型秧歌剧。党中央所在地杨家岭成立了"杨家岭春节宣传队"，中央党校、留守兵团政治部、西北党校、行政学院保安处等都成立了秧歌队。由桥儿沟群众、新华化学厂、延安大学组成的桥儿沟秧歌队演出了《张丕谟锄奸》《送公粮》等，由西北局、边区抗联、边区文协三个机关组成的延安南区宣传队排演了《变工好》《王有才归队》《纺毛起家》《一朵红花》等秧歌剧。据统计，1944年春节期间，安塞县群众组织了30多个秧歌队，陕甘宁边区就有949个秧歌队，平均1500人当中就有一个秧歌队。

---

① 赵超构：《延安一月》，上海：上海书店出版社，1992年，第107页。
② 黄钢：《皆大欢喜——记鲁艺宣传队》，《解放日报》，1943年2月21日，第4版。

保安处秧歌队表演新秧歌

延安的秧歌还扭到了重庆周恩来领导的中共南方局。1945年2月,周恩来组织延安来的文艺工作者和办事处、《新华日报》社的同志,在南方局"周公馆"的过道里,演出小型秧歌剧,后来又在《新华日报》社的空场上和红岩八路军办事处的草地上为国统区文艺界人士演出。当演到集体秧歌舞时,周恩来和几位领导同志"首先从座中参加进秧歌队,兴致勃勃欢欣鼓舞地扭了起来。在座的多数演员也坐立不住了,纷纷插进队伍去,队伍越来越长,情绪越来越热烈……更动人的情景是,广场围墙之外,报馆附近的居民,凡是跟工作人员熟识而又被认为是善良的劳动人民早已被让进来,席地而坐,看着秧歌了。"①

---

① 艾克恩:《延安文艺运动纪盛》,北京:文化艺术出版社,1987年,第573页。

1945年2月23日,延安各单位组织了秧歌队给党中央和毛泽东拜年,演出《小放牛》等秧歌剧。毛泽东高兴地对大家说:我们这里是一个大秧歌,边区的一百五十万人民也是闹着这个大秧歌,敌后解放区的九千万人民,都在闹着打日本的大秧歌,我们要闹得将日本鬼子打出去,要叫全中国的四万万五千万人民都来闹。

中共中央南方局、八路军驻渝办事处旧址——重庆红岩村

文艺家下乡

红军长征落脚陕北后,1936年11月,著名作家丁玲来到党中央驻地保安(今志丹县),成为首批到达陕北的文艺家之一。1937年七七事变爆发,已经迁移到延安的中共中央倡导建立抗日民族统一战线,举起了抗战救国的大旗,先后吸引了约4万名全国各地的有志青年、知识分子纷纷来到延安。

陕甘宁边区的文化运动在抗战爆发后也迅速发展起来,并取得了很大成绩,先后成立了中国文艺

1938年,毛泽东在鲁艺做报告

协会、陕甘宁边区文化界救亡协会、抗战文艺工作团、延安新诗歌会、文化俱乐部等70多个文艺团体和文化社团，开办了鲁迅艺术学院（简称鲁艺）等专门培养文艺人才的院校。

1938年4月28日，毛泽东到鲁艺做了题为《怎样做艺术家》的讲演，动员大家深入到现实生活第一线，认为艺术家的"大观园"是全中国，"要切实地在这个大观园中生活一番，考察一番"。鲁艺在最初的办学中，规定学制为6个月，2个学期，每学期3个月，第一学期修业后，分配到抗战前方或部队实习3个月，再学第2学期的课程。1940年春节前夕，鲁艺木刻工作团决定采用民间传统的年画形式，制作一批反映军民生产生活的年画。第一批年画印制好以后，木刻团成员胡一川和杨筠两人就亲自带着这批年画去赶集，摆摊叫卖。没想到年

1942年5月，延安文艺座谈会参会者合影

毛主席在延安文艺座谈会时与文艺工作者的合影 1942.5

画很受老百姓欢迎，没多久就销售一空。老百姓有赶几十里地来买年画的，还有的直接到木刻工作团驻地来买。鲁艺木刻工作团的这次尝试受到朱德的高度赞扬。当时驻扎在附近的八路军副司令彭德怀也非常喜欢这些年画，还让他的夫人蒲安修亲自到木刻工作团要了一些年画，并专门写信，高度评价了他们在文艺大众化方面的贡献。

后来有一段时期，鲁艺片面强调正规化办学，出现了"关门办学"的倾向，延安文艺界也出现了脱离实际、脱离群众的现象。为了切实解决文艺界出现的思想问题，适时提出党的文艺政策，1942年5月，中共中央在延安召开了著名的延安文艺座谈会。

座谈会上，毛泽东明确指出："我们的问题基本上是一个为群众的问题和一个如何为群众的问题。"具体讲，就是我们的文艺必须是"为人民大众的，首先是为工农兵的"；文艺工作者"必须和新的群众相结合，不能有任何迟疑"。倡导广大的文艺家们到现实生活中去，到最广大的工农兵群众中去。

文艺座谈会后不久，在延安的作家们纷纷深入生活第一线。作家艾青给毛泽东写信，要求到前方去。1943年2月，艾青创作了长诗《吴满有》，又写了《秧歌剧的形式》，他后来被评为边区甲等模范工作者。1943年3月10日，中央组织部和中央文委联合在延安召开了党的文艺工作者会议，中宣部副部长凯丰围绕文艺工作者下乡问题做了动员，他认为文艺工作者下乡"绝不是因为在延安吃不开，也不是因为精兵简政"：

> 下乡为了什么呢？是为了文艺真正为工农兵服务，反映他们的生活和工作，要这样做，就必须到他们中去生活，了解他们，熟悉他们，与他们打成一片。这次文艺工作者下乡的目的，就是要解决以前还未解决的问题，文艺工作者与实际结合，文艺与工农兵结合这两个大问题。……今天我们有一切好的条件，可以使文艺工作者与工农兵打成一片，把文艺运动的圈子扩大，深入到他们里面去，来写他们的生活、工作、斗争和事业。这就

是这次文艺工作者下乡的目的。①

鲁艺美术系教师、新中国成立后国徽设计的参与者张仃 1943 年 3 月 23 日在《解放日报》发表杂谈《画家下乡》，强调画家"必须从劳动与土地结合过程中去寻找构图，在民主的阳光下去发现色彩，生产动员，开荒，春耕，移民，生产竞赛，公粮会议，运盐，合作社的发展，都必须成为画家们新的表现题材"。

1943 年 3 月 9 日，《解放日报》整版发表了艾青的长诗《吴满有》。这首诗是延安文艺家勇于改变原有创作思想和风格，深入群众、文艺下乡的典型体现。艾青在附记中说：2 月 15 日，我们到吴家枣园去找吴满有。我把我写的《吴满有》拿出来念给他听——这是我找他的目的。我坐在他身边，慢慢的，一句一句，向着他的耳朵念下去，一边从他的表情来观察他接受的程度，以便随时记下来加以修改。吴满有的感受力，是超过一般普通农民的。他随时给我们补充或改正。譬如，我念"你把四岁的女儿，换了五升小米"，他说："三岁，是五升糜子，不是小米"；我念"尔个做活，不是为了别人，是为自己"，他说："可不是为了自己！"我念"两条犍牛……一条母牛"，他说："母牛卖掉了，现在是三条犍牛，两条小牛。"（他不知道我写的是去年的事）在念到"在门边的羊圈里"那一段怕他难过，就跳过不念了。老吴现在只剩下十几只绵羊了。在我每次念完"你说……"的时候，他总是说："我说过的，我说过的"……直到我问他"还有没有意见？"他说："没有意见了。几十年的事，被你一下写光了。"我的朗诵才算结束。

隶属于陕甘宁边区文协的民众剧团是在毛泽东的关怀下成立的，毛泽东还捐助了 300 元钱，贺龙则把战场上缴获的战利品送给剧团作为剧团的道具。民众剧团的团歌唱到：你从哪达来？从老百姓中来。又到哪达去？到老百姓中

---

① 凯丰：《关于文艺工作者下乡的问题》，《解放日报》，1943 年 3 月 28 日，第 4 版。

民众剧团演出马健翎创作的秦腔《血泪仇》

去。延安文艺座谈会后,他们受到很大的鼓舞,继续深入基层,常年为工农兵群众演出,演出的剧目有《查路条》《血泪仇》《穷人恨》《十二把镰刀》等。毛泽东看了他们的戏后,专门题词:简单、明了、动人。

鲁艺也调整了原来的教学方针,加大了各专业实习课的比重,先后成立了文艺工作团、木刻研究班、实验剧团、漫画研究会、美术工场等组织和机构,倡导学生到边区、部队去实习,在实践中增长知识和才干。鲁艺戏剧系主任张庚组织了到绥德、米脂农村的采风团,歌曲《东方红》就是当时从民间歌谣中采集回来的。文学系邵子南从晋察冀边区回来,搜集到白毛女的素材,主持鲁艺工作的周扬亲自负责,由贺敬之等编剧、马克等人作曲,创作出了我国第一部大型歌剧——《白毛女》。《白毛女》在延安及各抗日民主根据地演出，引起强烈的反响，许多青年人看了后，纷纷报名参军，要为杨白劳和喜儿报仇。

在毛泽东关心指导下成立的边区民众剧团自1938年夏建团七年来，始终坚持为边区人民服务，足迹遍及边区各县，1946年9月26日，《解放日报》发表记者林间的通讯《民众剧团下乡八年》，介绍该团平均八天有三天在乡间，共走了23个县（全边区31个县市），190处市镇村庄，演出1475场戏，平均两天演一场，观众260万人。

广大文艺工作者深入工农兵生活，深入抗日前线，并通过亲身参与生产劳动和抗战宣传，送文化下乡、送教下乡，既了解了广大群众的精神需求，在作品中更好地反映边区生活和群众生活，突出工农兵群众的形象，并能够学习和运用老百姓喜闻乐见、易于接受的语言和艺术形式，创作出具有崭新时代气息的文艺作品，向最广大的人民群众普及了文化，也在与人民群众的密切接触中提高了自己的思想认识，改变了创作态度，受到了实实在在的教育。

1942年春，时任中宣部宣传科科长的赵毅敏带领杨家岭党中央机关组织的秧歌队到安塞慰问演出。当时安塞正在召开劳动英雄大会，老百姓也组织了秧歌队，两支秧歌队扭在了一起，毛泽东感慨地说："从此天下太平矣！因为外来的知识分子和陕北老百姓一块扭起秧歌来了。从前老百姓见了他们是敬鬼神而远之，现在是打成一片了。"

双拥运动

双拥,指的是拥军优抗,拥政爱民。拥军优抗,是抗日根据地的党政机关、群众团体的工作人员和人民群众"拥护军队、优待抗日军人家属"的口号的简称。拥政爱民,是抗日根据地的军队人员"拥护政府、爱护人民"的口号的简称。

1943年春节,在各地欢腾热烈的锣鼓声和歌曲声中,延安和陕甘宁边区开展了广泛深入和声势浩大的拥军优抗和拥政爱民运动。以此作为标志,延安和陕甘宁边区便成为"双拥"运动的发祥地。

党中央和中央红军到达延安后,延安成了中国抗日战争的大后方。驻守延安的军队官兵遵照党中央、中央军委的指示,一方面保卫着边区、

八路军留守兵团给陕甘宁边区政府赠"民主典范"匾

巩固革命根据地，一方面积极参加生产运动，减轻老百姓的负担，军民关系融洽而友好。

但是，一段时间内，在边区部队中，由于纪律教育的放松、物质困难的增加，出现了个别违犯群众纪律、脱离群众的不良现象。这种情况引起了党中央和毛泽东的重视。在一次会上，当留守兵团负责人报告他们做了哪些工作，取得了哪些成绩之后，毛泽东非常激动地说：成绩，成绩，成绩！用不着说这么多了，有成绩是应该的，现在的问题不是讲成绩，而是找缺点。[①] 1940 年 8 月 13 日，毛泽东为中央军委起草对野战政工会议的意见，他指出：在政权及地方党未建立的地方，军队政治机关应负责建立起政权和地方党，而在建立的过程中，必须严格实行党的政策；在政权及地方党已建立完备的区域，军队不应干涉地方政权及党的工作，而应尊重他们，成为遵守法律的模范。"应当与军队中破坏对居民纪律的行为，不爱护根据地，浪费人力物力，不尊重政府及地方党以及一切脱离党的政策的行为作严格的斗争。"毛泽东多次申述了这样一条原则："在军队党与地方党的关系中，应更多更严的要求军队党负责任。如遇争论纠纷，应更多地责备军队党。""军队干部与地方干部关系，一般应多要求多责备军队干部。"[②]

1943 年 1 月 15 日，陕甘宁边区政府做出了《关于拥护军队的决定》和《关于拥军运动月的指示》，确定 1 月 25 日到 2 月 25 日为全边区拥军运动月，重新修订了《优待抗日军人家属条例》。此外，还颁布《拥军公约》等法规。1 月 16 日，《解放日报》刊登了边区政府主席林伯渠《造成拥军热潮、增强拥军工作》的文章。1 月 25 日，八路军留守兵团司令部、政治部发出《关于拥护政府爱护人民的决定》和《关于拥政爱民月的工作指示》，确定 2 月 5 日至 3 月 4 日为拥政爱民运动月。留守兵团还公布了拥政爱民公约，这是我军历史上第一个拥政爱民公约。

---

① 胡乔木：《胡乔木回忆毛泽东》，北京：人民出版社，1994 年，第 143 页。
② 胡乔木：《胡乔木回忆毛泽东》，北京：人民出版社，1994 年，第 143 页。

1943年2月1日延安《解放日报》第一版公布的留守兵团拥政爱民公约是:

（一）服从政府法令。

（二）保护政府，帮助政府，尊重政府。

（三）爱惜公共财物。

（四）不侵犯群众利益。

（五）借东西要还，损坏东西要赔偿。

（六）积极参加生产，减轻政府和人民的负担。

（七）帮助人民春耕秋收和冬藏。

（八）帮助人民进行清洁卫生运动。

（九）了解民情风俗，尊重民情风俗。

（十）向人民宣传，倾听人民意见。

1943年2月，林伯渠到南泥湾慰问三五九旅全体官兵

延安川口区六乡秧歌队向毛泽东献匾：人民救星。

  与此同时，1943年2月1日，延安《解放日报》发表贺龙撰写的代论——《开展拥政爱民运动》。此后"双拥运动"在陕甘宁边区普遍开展起来。

  1943年2月18日，南泥湾垦区开展了广泛的拥军和拥政爱民运动。边区政府主席林伯渠带队慰问并发表了演说。2月20日，南泥湾驻军举行了5000多人的拥政爱民大会。《解放日报》为此发表了特写《无敌的军队——林主席南泥湾阅兵》。2月19日，延安文化沟20多个机关单位在青年运动场召开拥政爱民群众大会，到会2000余人。3月12日，延安文化界劳军团和鲁艺秧歌队80多人，携带慰劳信、秧歌集、木刻画片、石膏像等礼品前往金盆湾、南泥湾等地劳军。

  1943年5月8日，延安《解放日报》发表了题为《拥军运动和拥政爱民运动的经验》的社论，对陕甘宁边区的经验加以推广。同年10月1日，毛泽东在为中共中央写的关于《开展根据地的减租、生产和拥政爱民运动》的指示中，要求"各根据地党委和军政领导机关，应于明年阴历正月普遍地、无例外地举行一次拥政爱民和拥军优抗的广大规模的群众运动"，并规定了具体办法。全国各抗日根据地遵照党中央的指示，以陕甘宁边区为榜样，于1944年春节前后，掀起了"双拥运动"。边区军政领导机关除了发布一系列拥军优属、拥政爱民的决定、指示外，还制定和修定了《拥军公约》《拥政爱民公约》《优待抗日军人家属条例》《调整军政民关系拥护革命秩序暂行办法》等条例规定。"双拥运动"的开展，促进了党政军民大团结，对于夺取抗日战争的胜利，发挥了重要作用。

在陕甘宁边区掀起的"双拥"运动中，涌现出了许多军爱民、民拥军的动人故事及先进事迹。神

1957年9月，王补梅大娘将珍藏多年的后勤荣誉队敬赠给她的锦旗"军队人民的母亲"，捐赠延安革命纪念馆收藏

木县王家后洼村王补梅家是可靠的"堡垒户"。1939年夏,八路军一二〇师荣誉队数十名伤残军人转移到神木县王家后洼村。王补梅和两个女儿每天采药看护伤病员,并把自家和邻居的窑洞腾出来,让伤病员住,把全部粮食拿出给伤病员吃。十几只鸡下的蛋,也都做了重伤员的滋补品。自己全家却靠野菜度日。伤员们深受感动,亲切地称王补梅为"妈妈"。1941年中秋节刚过,前方又送来七名伤员。炮兵连指导员龚秉权只剩一条腿,一进门就拉住王补梅说:"大娘,给我喝一口米汤吧!"说完就昏了过去。当时正是青黄不接之际,家里没有一粒米,地里的庄稼也未熟透。王补梅带着女儿到地里把成熟的谷穗剪了一筐,然后炕干,搓得一升多小米,熬了一大锅稀粥,给每个伤员端上一碗。日复一日,荣誉队在王补梅家住了三年,临别时个个泪流满面,不忍离去。伤员们齐声说:"妈妈,等革命胜利了再来看您!"①

1943年2月至7月期间,边区留守兵团主动纠正以往在军民关系方面的不良现象,并在人力、物力等方面支援边区政府工作,服务边区群众,先后支援1000多个人工,并为群众开荒、锄草1500亩,部队医院接受群众门诊者1142名,住院者62名。对河南等地逃荒来边区的难民和群众中生活困难者资助米麦16石,现金6200元及大批窑洞、衣物、农具等。1944年,边区军队共帮助群众免费治病3400多人次,组织农村医疗队12个,帮助群众建立卫生模范村10个,办学校8所,夜校3所,为群众演戏100多次,演电影100多场,帮助群众开荒7750亩。边区政府和人民也以极大的热忱拥护自己的子弟兵。边区各级政府到1945年底,共安置退伍残废军人1500多人,优待抗属9万户。1943年,延川县妇女在9月初至10月中旬的40天中,做成军鞋2640双。②

美国纽约《先锋论坛报》记者斯蒂尔描述了自己在延安亲身参加的群众欢迎王震将军的部队南征北返后,回到边区的场面:

---

① 神木县知名人士——王补梅, http://www.sanqinyou.com/content/2012-6-25/201262512395211623000632
9529849817.html。

② 姬乃军:《陕甘宁边区的"双拥"运动》,延安市政协文史资料研究委员会:《延安文史资料》(第4辑),内部资料,1988年,第139-141页。

老乡们迎接王将军部队好像迎接自己的亲人一样,在军队经过的道旁,并列着长长的桌子,上面摆满茶水和慰劳的食品,妇女们当军队经过时跑上去给战士们戴花朵,大家狂欢地喊着震撼天地的欢迎口号,这简直不是产生于人民与军队之间的场面,而像亲族欢迎其荣归的子弟!于此,也体味了"军民一家"这个言语的实际内容。①

1943年10月1日,毛泽东为中共中央起草党内指示,他指出:

为了使党政军和人民打成一片,以利于开展明年的对敌斗争和生产运动,各根据地党委和军政领导机关,应准备于明年阴历正月普遍地、无例外地举行一次拥政爱民和拥军优抗的广大规模的群众运动。军队方面,重新宣布拥政爱民公约,自己开检讨会,召集居民开联欢会(当地党政参加),有损害群众利益者,实行赔偿、道歉。群众方面,由当地党政和群众团体领导,重新宣布拥军优抗公约,举行热烈的劳军运动。在拥政爱民和拥军优抗的运动中,彻底检查军队方面和党政方面各自在一九四三年的缺点错误,而于一九四四年坚决改正之。以后应于每年正月普遍举行一次,再三再四地宣读拥政爱民公约和拥军优抗公约,再三再四地将各根据地曾经发生的军队欺压党政民和党政民关心军队不足的缺点错误,实行公开的群众性的自我批评(各方面只批评自己,不批评对方),而彻底改正之。②

1943年10月14日,毛泽东在西北局高干会上强调:"一切问题的中心是老百姓的问题,武装的人民(军队)与非武装的人民要实行打成一片,必须要有政策来实现,只要军队能拥政爱民,政与民是会爱军队的。"拥政爱民和拥军优抗,加强了军政、军民关系,为保卫和建设边区,争取抗战胜利,创造了重要条件,也为人民军队的光荣传统增添了新的内容。③

---

① 张香山 孙铭:《外国记者看延安》,《解放日报》,1946年11月10日,第4版。
② 毛泽东:《开展根据地的减租、生产和拥政爱民运动》,《毛泽东选集》第3卷,北京:人民出版社,1991年,第913页。
③ 胡乔木:《胡乔木回忆毛泽东》,北京:人民出版社,1994年,第144页。

精兵简政

精兵简政是中共中央和陕甘宁边区政府在延安时期推行的一项非常重要的政策。1944年9月8日，毛泽东在《为人民服务》的讲演中指出："精兵简政这一条意见，就是党外人士李鼎铭先生提出来的，他提得好，对人民有好处，我们就采用了。"那么，李鼎铭等关于精兵简政提案的具体背景与内容又是什么呢？

随着中国革命事业的不断发展，到延安参加革命、学习的人员也不断增加，由于新来的人员多是

陕甘宁边区政府主席林伯渠和副主席李鼎铭（左）

非生产人员，就造成"鱼大水小"的矛盾。所谓"鱼大"，就是脱产人员太多，"水小"就是人民负担过重。如陕甘宁边区1937年党政军脱产人员仅1.4万人，1938年也仅1.6万人，到1939年一下增加到4.9万人，1940年剧增到6.1万人，1941年已上升到7.3万人。而脱产人员不断增加还会造成机构臃肿，甚至会出现机关主义、官僚主义、形式主义等不正之风。与此同时，国民党政府不断在陕甘宁边区制造摩擦，特别是1941年"皖南事件"发生后，更是变本加厉，对陕甘宁边区实行军事围剿和经济封锁，声称"不让一斤粮、一尺布进入边区"，以延安为中心的陕甘宁边区出现了严重的经济困难。

1941年11月6日，陕甘宁边区第二届参议会在延安隆重开幕。参加会议的边区参议员、米脂县参议会议长、开明绅士李鼎铭和边区参议员、无党派人士姬伯雄等11名参议员联名向大会提交了精兵简政的提案。提案全文如下：

陕甘宁边区第二届参议会提案

（一九四一年十一月）

第八十一案　提案人李鼎铭等十一人

提案：

政府应彻底计划经济，实行精兵简政主义，避免入不敷出、经济紊乱之现象案。

理由：

军事政治之建立，必须以经济力量为基础。在今日人民困苦，资源薄弱之状况下，欲求不因经济枯竭而限制军政发展，亦不因军政发展而伤害经济命脉，惟有政府彻底计划经济，实行精兵简政主义，量入为出，制定预算，以求得相依相助，平衡发展之效果。

办法：

一、　政府应根据客观物质条件及主观经济需要而提出计划经济，以求全面提高生产力，改善经济条件，加强经济基础。

二、在现有经济基础上，政府应有量入为出的统一经济计划。

三、在财政经济力量范围内和不妨碍抗战力量条件下，对于军事实行精兵主义，加强战斗力，以兵皆能战，战必能胜为原则，避免老弱残废滥竽充数等现象。对于政府应实行简政主义，充实政府机构，以人少事精，胜任职责为原则，避免机关庞大，冗员充塞，浪费人力、财力等现象。

四、规定供给条例，避免不必要的供给与消耗。

五、提倡节约、廉洁作风，避免不应有的浪费现象。①

"精兵简政"提案正式提出以后，反应强烈。有些参议员认为，正值抗战救国紧急关头，敌人以大量兵力向边区进攻，实行精兵简政不就等于束手被擒吗？许多人觉得不可理解，个别人甚至怀疑他们提出这个提案的动机不良。

毛泽东对李鼎铭等人的这一提案十分重视，亲自抄在笔记本上，并且加写了一段批语，指出："这个办法很好，恰恰是改造我们的机关主义、官僚主义、形式主义的对症药。"11月17日，中共中央政治局召开会议，讨论陕甘宁边区财政经济计划草案。毛泽东指出，财政经济方针必须实行下列两大原则：一是精兵简政，调整人员，裁减的人员须使之各得其所；二是扩大收支，发展事业，扩大必要事业如文化事业等的经费。这次会议确定了精兵简政的方针。在毛泽东的支持下，提案在大会上进行了深入的讨论，大多数参议员认为这个提案是中肯的，具有远见卓识的。11月18日参议会以165票（出席大会的参议员209名）通过。关于财政提案第六案（编号第八十一案）的审查意见全文如下：

---

① 陕甘宁边区第二届参议会文件汇集，《陕甘宁边区政权建设》编辑组编：《陕甘宁边区的精兵简政》（资料选辑），北京：求实出版社，1982年，第7、8页。

陕甘宁边区第二届参议会第一次会议
关于财政提案第六案（编号第八十一案）的审查意见

（一九四一年十一月十八日）

政府应彻底计划经济，实行精兵简政主义，避免入不敷出、经济紊乱之现象。（李鼎铭等提）

审查意见：交政府速办。

大会以一百六十五票多数，通过审查意见。①

1941年11月27日，边区政府举行第一次政务会议，重点讨论贯彻实行边区第二届参议会通过的"精兵简政"提案问题。会议决定设立边区一级编整委员会，12月15日前拟出精简方案。12月6日，《解放日报》以《精兵简政》的醒目标题发表社论，论述精兵简政的意义所在。12月中旬，毛泽东为中共中央起草《关于太平洋战争爆发后抗日根据地工作的指示》（1941年12月17日），把"精兵简政，节省民力"列为"目前迫切的重要的任务"，要求党、政、民众团体的全部脱产人数不得超过甚至少于该地人口总数的百分之三，财政政策必须注意量入为出与量出为入的结合。到1942年9月，毛泽东根据10个月来推行精兵简政的情况，为延安《解放日报》撰写社论，要求各根据地都要把它"当作一个极其重要的政策来看待"。

从此，精兵简政成为我党在抗日战争时期的重要政策。精兵简政的大力推行，一方面增强了政府的办事效能，进一步统一了政策、法令、命令、指示，提高了军队的战斗力；另一方面大大地节约了财政支出，节省了民力。

---

① 陕甘宁边区第二届参议会文件汇集，《陕甘宁边区政权建设》编辑组编：《陕甘宁边区的精兵简政》（资料选辑），北京：求实出版社，1982年，第9页。

以延安县为例，1942年动员民力6万个，1943年减为2.8万个。再如绥德县，1942年动员民力7.5万个，1943年只动员900个。

陕甘宁边区从1941年至1944年，先后经过三次精简，达到了精简、统一、效能、节约和反对官僚主义五项目标，克服了根据地"鱼大水小"的矛盾，减轻了人民群众的负担，调动了广大群众的抗日积极性，增强了部队的战斗力，提高了机关工作效率。精兵简政这一政策的确定，对抗日军民渡过难关，巩固根据地，坚持长期抗战，夺取革命的最后胜利，发挥了重要的作用。

延安《解放日报》1942年9月7日第一版社论：《一个极其重要的政策》

日本八路的摇篮：延安日本工农学校

1944年，在延安的美国军事观察组成员包瑞德在延安附近的驻军地南泥湾见到了这样一个人，他穿着八路军的制服，告诉包瑞德，他是工兵部队的，正在为共产党及其军队建造房屋。① 包瑞德所提到的这个八路军战士，就是被延安日本工农学校所改造过来的日本战俘。

延安日本工农学校是一所对日军俘虏兵和投诚人员进行教育的专门学校，这所学校也因此成为延安时期日本人参加八路军的摇篮。

抗日战争时期，中国共产党及其人民军队在战斗中先后收容了一批日本俘虏兵和投诚人员，为了对这些人员进行感化教育，提高他们的觉悟，并发挥他们在民族抗战中的作用，成为反战战士，党中央和八

位于延安宝塔山南麓的日本工农学校

---

① [美] D. 包瑞德著，万高潮、卫大匡译：《美军观察组在延安》. 北京：解放军出版社，1984年，第41页。

路军总政治部决定在延安创办一所专门教育日本战俘和投诚人员的学校。

1940年11月,学校开始筹办,校址就在延安宝塔山南麓。学员的来源以八路军、新四军在战场上俘虏的日军士兵和下级军官为主,也有少数是受八路军、新四军俘虏政策的影响而自动投诚过来的日本士兵,另外还有因不堪忍受日本军官暴行而出逃,途中被八路军、新四军俘虏的日本士兵。

该校由八路军总政治部敌军工作部领导。学校的日常事务由八路军总政治部敌军工作部部长王学文和日本共产党领导人之一野坂参三(又名冈野进,中文名林哲)负责。校长由1940年春从共产国际来到延安的日本共产党中央委员会领导人野坂参三担任。教员由从延安各界调来的精通日语的人员如王学文、何思敬、李初梨、廖体仁、江右书等,以及较早转变思想的日军战俘如吉积清、川田好长、杉本一夫等担任。学校的办学目的是"对日本士兵施行政治教育",以培养反战、瓦解日军士气的政工干部,"和平、友爱、正义、勤劳、实践"是学校施教的宗旨,具体任务是培养协助八路军做日本军队政治工作的人才。学校的教育方针是坚持理论联系实际的原则,贯彻中国共产党的俘虏政策,通过在政治上、物质上的优待和思想上的教育转化工作,达到学员人

延安日本工农学校校长野坂参三

生观和世界观的根本转变。

延安日本工农学校学制为一年，其中包括两个月的预科生教育课程和十个月的本科生学习课程。三个多月为一个学期。开设的课程主要有：马列主义、政治经济学、政治常识、哲学、社会发展史、日本问题、中国问题、联共（布）党史、世界地理以及时事问题、文化、汉语等。打棒球和排球也被列为正课。每到星期天或者晚饭后，学员们就会在宝塔山下宽敞的河滩上打棒球、排球。

据1940年底来到延安并在日本工农学校学习的中小路静夫介绍，当时的作息时间是：

起床：6时
早操：6时至6时30分
早自习：6时30分至8时
早饭：8时至8时40分
学习：8时40分至12时（上课）
午饭：12时至下午1时
学习：1时至4时10分（复习或准备讨论）
晚餐：4时10分至5时
自由活动时间：5时至6时30分
晚点名：6时30分
学习：7时至9时（讨论）
熄灯：9时30分

据中小路静夫介绍，这些日程安排和生活上的纪律，均由他们学生会讨论决定。他们还把打棒球和排球列为正课。每到星期天，他们就打棒球，还到中国朋友那里玩，一天过得十分愉快。①

----

① [日]中小路静夫：《回忆我在延安的生活》，刘昌亮主编：《魂牵梦绕忆延安》，北京：中共党史出版社，1994年，第133页。

教员上课一律用日语,讲得通俗易懂,深受学员欢迎。配合课堂教学,还组织一些研究会,进行集体学习和讨论。讨论会为"星期一讨论会""各组讨论会"及"读书会"三种形式,尤以每周一次的"星期一讨论会"规模最大,讨论的问题也较为广泛,涉及"日本军队的内幕""八路军和日本军队的比较""日本法西斯给人民带来些什么""日本军部和财阀为什么要发动这场战争""这场战争对谁有利"等。学校把生产劳动当作一项教学内容,组织学员开荒种地、修路、背木炭。学校办有俱乐部,并出版壁报《希望》。

教员在窑洞里给日本工农学校学员上课

延安日本工农学校的生活供给,在整个陕甘宁边区财经困难的形势下,不仅有保障,而且相对于八路军总部和政府其他部门的生活供给更优越。当时边区政府将在延安的日本、美国、苏联、朝鲜等外国友人的生活列为第一类进行重点保障,日本战俘也被视为外籍朋友来对待。如每人每月大米15斤、面粉15斤、猪肉3斤、蔬菜30斤等。日本工农学校学员的津贴与八路军连级干部的津贴一样多(每月3元)。这在延安时期条件艰苦、甚至在中国共产党的干部、战士连小米饭也保证不了的情况下,是极为优厚的待遇了。

学校在政治上也充分尊重学员的人格,给予他们充分的信任。1941年11月,陕甘宁边区根据"三三制"原则举行参议会议员竞选。按照"三三制"民主建政原则,边区参议会将从日本工农学校、八路军敌军工作干部学校、抗日军政大学、鲁迅艺术学院等八校选区,产生一名参议员。日本工农学校和敌军工作干部学校共同推荐日本工农学校的学员森健为两校的候选人。他在经过竞选后,最终当选边区第二届参议会参议员。随后,日本工农学校的学员中小路静夫还当选为延安市参议会议员。学员新川久男则被选为学校的特等劳模,出席了边区的劳动大会。①

延安日本工农学校十分重视学员的课余生活,成立了学生剧团,每周搞一次体育运动日,不定期地举行排球、棒球、棋类比赛等,以丰富学员的文体活动和其他社交活动。学员们自排自演的《前哨》《岛田上等兵》等话剧,颇受延安人士的好评。

当时在延安还设有在华日人反战同盟的组织,日本工农学校的学员先后加入了该组织,并与重庆的反战同盟总部和晋东南的在华日人觉醒同盟有着密切的联系。学校出版《士兵之友》机关报送往前线,还出版《中国事变与日本国民生活》《日本革命之破绽》《怎样挽救我国与我国人民之破产》《我国勤劳大众当前之使命》等用日文写的战争与国民小丛书,向侵华日军散发宣传。仅1941年一年,学校设计印制了32种宣传单、14种宣传册。学校办有自己的图书馆,藏书250本,定期出版报刊。学员白天上课,晚上辩论、听讲座,还阅读马克思的《雇佣劳动与资本》一书,学习时事、思想政治。

1944年6月,中外记者西北参观团来到延安。他们在延安采访长达30天,有许多人对日本工农学校充满了兴趣,并进行观察和采访。英国伦敦《泰晤士报》、合众社记者哈里逊 福尔曼了解到,该校的学习是从马列主义的基本原理讲起,使阶级和阶级斗争学说、社会发展形态、帝国主义的本性等深

---

① [日]中小路静夫:《回忆我在延安的生活》,刘昌亮主编:《魂牵梦绕忆延安》,北京:中共党史出版社,1994年,第136页。

日本工农学校部分教员和干部在延安宝塔山的留影。前排左起：山田一郎、梅田照文（香川孝志）、和田真一（山室繁）；后排：森健（吉积清）、吉田研二、野村（日系二世）、杉本一夫（前田光繁）、堺清

奥的理论在学员头脑中扎下了根，因而使学员树立了正确的世界观和人生观。当他了解到这所学校连日本派来的特务都被改造过来的事实后，更感神奇，追根问底，要弄个真切。原来一个名叫泷川直亮的特务，原先在某旅团当兵，旅团长亲自召见他，让他潜伏到延安，采取投毒和爆炸等手段暗杀岗野进。他到延安日本工农学校参加学习后，终于悔悟了。他坦白了一切，并踊跃参加了"日本解放联盟"这个反战组织。

当年，在南泥湾屯垦的三五九旅还请四位日本工农学校学员"在南泥湾修筑日本式的工事：战壕、碉堡、铁丝网、炮楼等。"①

---

① 苏力，等：《苏进画传》，北京：中央文献出版社，2007年，第77、78页。

野坂参三与美籍日人有吉善幸（右）在延安

美国哈佛大学教授约翰·迈尔伯克在美国驻延安军事观察组组长包瑞德所著《美军观察组在延安》一书的前言中写道：

> 我至今清楚地记得，我们当时以一种强烈的迷恋接受了观察组的又一个副产品，即关于中国共产党在对日心理战方面获得成功的报告。这些精神食粮是由驻在当地的军事情报局总部观察员弗朗西斯·麦克拉·弗布尔从延安送回来的。日本军队几乎从不向美国军队投降。尽管军事情报局总部朝他们头上撒了那么多传单，还运用了麦迪逊大街最有效的广告手段，但是

被活捉的日本人常常不予理睬。然而在延安，弗布尔发现有二百五十多个日本人投降了，虽然延安的部队并没有双色传单或胶印图解照片等等得力的宣传工具。①

赵安博在《忆延安日本工农学校》一文中写道：

> 当时，和包瑞德率领的美军观察组一起来延安的日侨后裔有吉善幸，在缅甸遇到过十分顽固的日本战俘，他不相信人们说的在延安教育日本战俘很有成效的说法。他来延安后访问野坂，野坂介绍他到日本工农学校去参观。在参观中，他看到日本战俘精神饱满地进行学习和生活，和在重庆国民党区域里见到日本战俘形成鲜明的对比，确信了延安教育的成功。②

1941年10月26日晚，东方各民族反法西斯大会在延安召开，与会者2000多人。其中，出席大会的还有日本、印度、菲律宾、马来西亚、缅甸、泰国、朝鲜等18个国家130余位代表。反战同盟延安支部有支部委员长大山光美、宣传部长松本敏夫、森健、原清志（女）等六位代表出席了大会。在大会上，延安支部和日本工农学校的35名日本同志集体宣誓参加八路军。10月30日，毛泽东在濛濛细雨中出席大会。毛泽东在大会发言：我想大会的主要目的就是团结，促进各民族团结，共同打倒法西斯。现在我们有三条统一战线，一条是中国的抗日民族统一战线，一条是东方的ABCD（分别代表美英中荷四国）阵线，一条是英美苏的联合行动，有这三条统一战线，法西斯一定会打倒的。他还说：今天全世界反法西斯需要实际工作，研究问题，加紧学习……甚

---

① [美]D.包瑞德，万高潮、卫大匡译：《美军观察组在延安》，北京：解放军出版社，1984年，第2页。
② 赵安博：《忆延安日本工农学校》，延安市政协文史资料委员会编著：《延安文史资料》（第六辑），内部资料，1992年，第113页。
③ 中共中央文献研究室：《毛泽东年谱（1893—1949）》中卷，北京：中央文献出版社，2013年，第336、337页。

1945年8月30日，日本工农学校全体学员、日本人民解放联盟、日本共产主义者同盟等组织，在延安王家坪军委礼堂联合举行返回日本出发纪念大会时的合影

至多种一点小米都是好的，不要夸夸其谈。③

日本工农学校还在其他抗日根据地办有分校。如1943年7月7日，成立了日本工农学校晋西北分校，1944年11月2日，成立了日本工农学校山东分校。1944年，新四军还将原来举办的日本俘虏学习班、日本俘虏训练班改称为日本工农学校华中分校。

1945年8月30日，日本工农学校与日本人民解放联盟华北协议会、日本人民解放联盟延安支部、日本共产主义者同盟总部、日本共产主义者同盟延安支部等五个单位，在延安举行了抗日战争胜利庆祝大会和出发纪念大会。叶剑英出席并讲话。会后，学员陆续离开延安，日本工农学校停办。

在延安日本工农学校学习过的学员先后有300多人。从1940年10月至抗战胜利，延安日本工农学校办了整整五年，他们中有的人成为八路军、新四军在战场上对敌工作的主力干部，有的成为日本革命运动中坚强的战士，为中国人民的解放事业和中日两国人民的友谊做出了一定的贡献。

中外记者团在延安

1944年6月9日,作为中共中央大本营的延安迎来了由21人组成的中外记者团。

这不是延安接待的第一批记者。早在1936年7月,中国共产党人就在延安西北部一个小县城保安接待了第一位来访记者——美国记者埃德加·斯诺。1937年1月13日,中共中央进驻延安后,又先后接待了斯诺夫人海伦·福斯特·斯诺、德国《法兰克福日报》记者艾格尼丝·史沫特莱、英国《每

1944年6月,毛泽东等与中外记者西北参观团在延安王家坪的合影

日先驱报》《每日电讯报》记者詹姆斯·贝特兰、《太平洋事务》月刊记者汉斯·希伯、瑞士《新苏黎世报》记者瓦尔特·博斯哈德、苏联《消息报》特派记者罗曼·卡尔曼等。抗战后期，以记者团的方式来延安采访，这还是第一次。

而这次记者团能够最终成行，也并不容易。皖南事变后，国民党政府对陕甘宁边区实行了严密的军事和经济封锁，断绝了陕甘宁边区和八路军部队的一切外援，并在通往延安的路途上设立重重关卡。

在华外国记者曾多次请求访问延安，蒋介石政府却始终敷衍搪塞。有一次，国民党政府发言人在外国记者招待会上答复外国记者问题时，公然否认中国境内有任何封锁共产党地区的封锁线。驻渝外国记者马上抓住这个漏洞，于1944年2月16日将签字请愿书直接呈给蒋介石。几天之后，蒋介石出人意料地批准了外国记者的要求。

蒋介石无奈之下批准的这次访问实际上是迫于国内外舆论的压力，因此他竭力想把这次访问控制起来。按照蒋介石的意图，原定的外国记者旅行团由国民党官员带队并安排一些中国记者参加。国民党当局还规定，参观团要先到西北国统区考察，然后再到共产党边区访问，期限是三个月，写出的报道必须送国民党宣传部审查之后才能发表。

中外记者团共有六位外国记者：斯坦因（美联社、英国《曼彻斯特导报》、美国《基督教科学箴言报》）、伊斯雷尔·爱泼斯坦（美国《联合劳动新闻》、《纽约时报》、《时代》杂志）、哈里逊·福尔曼（美国合众社、伦敦《泰晤士报》、纽约《先驱论坛报》）、莫里斯·武道（英国路透社、《多兰多明星》周刊、《巴尔的摩太阳报》）、夏南汗神甫（美国《天主教信号杂志》、《中国通讯》）以及普罗岑柯（苏联塔斯社）。另外还有九名中国记者孔绍恺（《大公报》）、张文伯（《中央日报》）、谢爽秋（《扫荡报》）、周本渊（《国民公报》）、赵炳烺（《时事新报》）、赵超构（《新民报》）、金东平（《商务日报》）、徐兆镛、杨嘉勇（中央社）。国民党当局还派了时任外事局副局长的谢保樵以及新闻检查局副局长邓友德担任正副领队，另有四名工作人员随行。

按照国民党方面的安排，中外记者团于1944年5月17日离渝，先参观考察了陕西的西安、临潼、潼关、大荔、韩城等地，然后渡过黄河进入山西，在时任山西省政府主席并兼任第二战区司令长官的阎锡山司令部所在地停留访问后，于5月31日西渡黄河进入陕甘宁边区所辖西岸渡口凉水崖。6月1日早，当时在南泥湾率部垦荒的三五九旅旅长王震等人在延长县迎接来访记者团，采访先从南泥湾开始。6月9日，记者团抵达延安。

中共中央高度重视这次中外记者团的活动。参观团行前，周恩来代表毛泽东、朱德专门致电表示

1944年6月，八路军总部在王家坪桃园设宴招待中外记者团

欢迎，并亲自主持参观团的接待工作，中共中央外事组组长、中央军委参谋长兼十八集团军参谋长叶剑英具体承办。军委秘书长杨尚昆主持召集了交际处全体人员会议，周恩来做了动员，指出要通过这次中外记者团揭穿国民党的造谣污蔑，加深外界对我们的了解，以利于进一步开展国内、国外的统一战线。围绕着中外记者需要了解的问题，周恩来还召集延安党政军等单位的负责同志和工作人员进行动员，要求有关单位必须由负责同志亲自出面接待。

6月10日，八路军总司令朱德以第二战区副司令长官行署的名义设宴招待中外记者团。参谋长叶剑英代表朱德致欢迎词，表示这次记者团来延安，对促进国内团结、凝聚抗战力量将有很大的意义，欢迎记者团到敌后抗日根据地参观访问。晚宴后举行了盛大的音乐会，演出以雄壮的《同盟国进行曲》开始，以气势磅礴的《黄河大合唱》结束。这些隆重的活动一半是为了欢迎记者团的到来，另一半则是为了庆祝6月6日盟军在法国诺曼底登陆战成功，开辟了欧洲第二战场。记者团还参加了延安军民举行的庆祝开辟反法西斯第二战场大会。

6月12日，毛泽东在杨家岭会见了中外记者团成员，他对各位记者来到延安表示十分欢迎。毛泽东讲道：各位记者到延安时，正遇着欧洲开辟了第二战场。"第二战场的开辟，其影响不仅在欧洲，而且将及于太平洋与中国"。我们的目标是共同的，就是打倒日本军阀与打倒一切法西斯。全中国、全世界都在这个共同基础上团结起来。就中外记者的提问，毛泽东围绕着国共谈判、第二战场、中共的希望和自己的工作等三个方面来回答，着重指出："我们认为全中国只有民主制度、民主作风，目前才能胜敌，将来才能建立一个很好的和平的国内关系与国际关系"。此后的7月2日、14日、18日，毛泽东还集体或个别会见了中外记者团成员，详细回答了他们的问题。

美国记者斯坦因此行还被授权代表罗斯福总统赠给毛泽东一份《世界航空图》。毛泽东决定回赠罗斯福总统一份《中国解放区形势图》。军委作战部经过半年时间精心绘制，于次年1月交美军驻延安观察组转送罗斯福总统。美空军轰炸机指挥部很快将此图译为英文版,名为《敌后中国抗战图》,供 B—29 轰炸机飞行员备用。美军飞行员后来就是凭借此图所提供的信息在飞机迫降中多次获得了营救。

1944 年 7 月 14 日,毛泽东会见了斯坦因。谈话从下午 3 点一直持续到次日凌晨 3 点,内容涉及中国共产党的新民主主义政策、土地革命、经济政策、国共关系等。其间,还发生了一件有趣的事:毛泽东注意到斯坦因写字用的小桌子不稳,他于是快步走到院子里捡来一块小石头,垫在了桌子腿下。

美国记者斯坦因在报道中写道:"在东方我还没有碰见任何能让别人如此访问的人。但是延安的人似乎并不在乎。"他和许多普通人,特别是非共产党员谈话,通过各种方式,仔细研究延安政治制度等各方面的详情。访问了党政机关、军队、工厂、农场、学校、医院、法院,去参加自治组织的会议,延安所提供的材料显然"超出了他们的希望"。

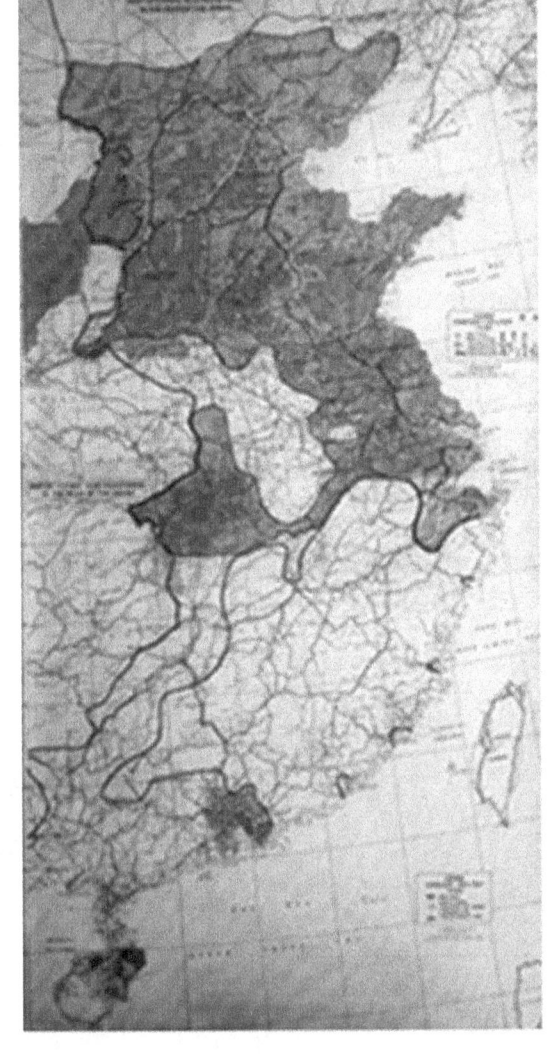

毛泽东回赠罗斯福总统的《中国解放区形势图》

1938年6月14日，宋庆龄在香港发起成立保卫中国同盟。图为保卫中国同盟中央委员会部分成员在香港。左起：爱波斯坦、邓文钊、廖梦醒、宋庆龄、塞尔温·克拉克夫人（秘书）、诺曼·弗朗斯、廖承志

中外记者团一行人还参加了在延安文化沟举行的庆祝"联合国日"①与保卫西北动员大会，以及庆祝开辟反法西斯第二战场的延安军民集会。

1944年6月22日，在王家坪军委大礼堂，第十八集团军参谋长叶剑英向中外记者团做了题为《中共抗战一般情况的介绍》的讲话，全面介绍了抗战以来的八路军和新四军，其中包括他们发展壮大的情况、作战状况、所抗击日伪军人数、敌后抗日根据地的建立及各项政策等。当天下午，参观团成员与八路军留守兵团政治部主任谭政还围绕军队政治工作进行了座谈。

---

① 1942年，美国总统罗斯福发起以每年6月14日为联合国日，全世界反法西斯国家都在这一天举行纪念活动。

1. 1944年6月，盟军在法国诺曼底登陆成功，延安数万群众集会，庆祝欧洲开辟反法西斯第二战场
2. 叶剑英参谋长向中外记者团介绍中共抗战情况

据时任陕甘宁边区政府秘书长的李维汉回忆：由于边区政府主席林伯渠要去重庆与国民党谈判，中外记者参观团在边区政府的接待由他负责，接待的原则是"敞开大门"，让记者自由参观、自由提问。记者们参观访问了很多工厂、机关、学校，如被服厂、兵工厂、难民工厂、皮革厂、振华纸厂、光华农场、国际和平医院、中央医院、中央总卫生处门诊部、医科大学、日本工农学校等。

1944年6月,中外记者团与朱德、周恩来及陕甘宁边区政府代主席李鼎铭等在延安王家坪合影。前排朱德(中)、周恩来(右3)、爱泼斯坦(左1)、王震(左2)、贺龙(右2)

中外记者团成员在延安期间,先后访问了毛泽东、朱德、彭德怀、贺龙、叶剑英、林伯渠等中共党政军领导人,也与延安文化界代表吴玉章、周扬、范文澜、柯仲平、丁玲、萧三等著名作家以及延安部分大学学生、工人、农民乃至陕甘宁第一儿童保育院的孩子们广泛交流,围绕着政府机构及其运作、"三三制"政权、边区经济与金融、土地政策、文艺政策、干部政策、医药卫生、边区军队以及群众工作等内容,全方位地进行参观、考察、座谈。还考察了延安大学、延安自然科学院、解放日报社、新华社、中央印刷厂,听取了陕甘宁边区政府副主席李鼎铭等关于边区政府工作情况的介绍。记者团成员赵超构后来记述:(来延安的)最初一星期,我们仿佛有点神经过敏，循规蹈矩，不敢放肆，到了后来，我们的团员甚至扭起秧歌来了。[①]他们说：这次来到延安，把一座被关闭了很久的门，打开了一个缝隙。

1944年7月12日，参观团的全体中国记者和一位外国记者夏南汗神甫离开延安返回重庆。8月下旬，其他五位外国记者到陕北绥德以及晋西北根据地参观。

在晋西北八路军抗战前线，参观了晋西北军区八分区医院和兵工厂，还实地观察了八路军与地方游击队夜袭日寇汾阳据点的全过程。战斗胜利结束后，爱泼斯坦特地要了一面缴获的日本战旗，并请指战员在旗帜上题词。

福尔曼在八路军祝捷大会上说：

1944年8月中旬，记者团外国记者爱泼斯坦、福尔曼、武道等，由美军观察组成员卡斯伯格少校陪同，前往晋绥解放区考察和采访。外国记者们在边区及晋西北采访时间达四个多月。图为（左起）爱泼斯坦、武道、福尔曼在晋西北

[①] 赵超构：《延安一月》，上海：上海书店出版社，1992年，第248页。

> 过去有人告诉我们：八路军不打仗，现在我们亲眼看见了八路军是作战的；过去有人同我们讲八路军没有伤兵，现在我们看到了八路军是有伤兵的；过去有人给我们讲八路军没有捉住俘虏，现在我们看到了八路军捉住了俘虏；过去有人给我们讲这地方的人民害怕并恨八路军，现在我们看到了人民是爱护八路军、拥护八路军。①

后来，福尔曼在《来自红色中国的报告》（又名《北行漫记》）一书中断言：共产党人已经"在中国创造了一个奇迹——赢得了人民的尊敬和合作"。爱泼斯坦在一次欢迎会上说：

> 我们在陕甘宁边区、晋绥边区住了几个月，看到了敌后的军队与人民在怎样艰苦英勇地工作与战斗，怎样牺牲自己的生命，为自己的祖国，为世界人类和平而斗争。我们的责任是将所知道的告诉全世界人民。②

他们很快履行了自己的诺言。1944年7月1日，毛泽东接见中外记者参观团之后不到二十天，英国伦敦《泰晤士报》就刊载了毛泽东对中外记者团的谈话。8月3日、31日，美国旧金山电台两次广播了美国《纽约时报》《纽约论坛报》《基督教警世报》上由驻延安记者发出的通讯，向全世界人民报道中国人民抗战的真实情况。

记者们从各个视角客观报道了中国共产党、以及所领导的抗日武装与根据地的真实情况。斯坦因撰写了《红色中国的挑战》一书，详细记述了延安的政治、经济、军事、文化、外交政策，以及农、工、商各业的状况。1945年在英美出版后，迅即引起关注。斯坦因写道："小的延安可能胜得过大的重庆——因

---

① [美] 福尔曼：《我感觉很荣幸同你们成为盟友》，齐文编：《外国记者眼中的延安及解放区》，上海：历史资料供应社，1946年，第142页。

② [美] 爱泼斯坦：《把真理告诉全世界》，齐文编：《外国记者眼中的延安及解放区》，上海：历史资料供应社，1946年，第140、141页。

为中共很知道如何去运用人民的手和脑的伟大力量，他们相信人民是有着无穷的力量——难道我不能说这是真实的吗？"爱泼斯坦在文章中写道："我看到一个完全不同的中国，它与蒋介石的国民党中国迥然相异。这个中国充满希望，没有饥饿，没有失败主义情绪。延安使人感到未来的中国已经在今天出现。"1944年，他将在延安访问期间的新闻通讯集辑成《我访问延安》，在印度出版。福尔曼所著《来自红色中国的报告》（又名《北行漫记》），1945年首次在美国出版，1946年再版于英国。他在书中断言：共产党人已经"在中国创造了一个奇迹——赢得了人民的尊敬和合作"。

随行的中国记者赵超构也结合自己一个多月在延安近距离的观察，在所撰写的《延安一月》（单篇文章在《新民报》连续发表，并由重庆新民报社1944年10月出版单行本）中总结道：

1948年7月，赵超构在香港

  从延安的行政人员观察延安的政风，第一特点是实事求是，不谈空话，不唱高调，不迷信洋教条，不拘泥一定的形式，而只是面对现实，从实际上考虑办法解决困难……第二个特点是办到了业务的专注与机关人员的精简……第三是检讨的认真与批评的严肃。①

他由衷建议:

> 最公平的态度,是承认他们在中央政府领导之下,作为一个新社会的试验区。随时检讨他们的成果,作为施政者的参考。没有比较,也就没有警惕,边区在多处是可以刺激那些自我陶醉的人的。②

难怪延安的共产党人在面对中外记者团时是那么坦然、自信,并敢于全方位地、开放式地展示。但显而易见的是,赵超构的这些醒世之言并没有被当时的国民党执政当局所重视。

1944年10月23日,普罗岑柯(左5)、福尔曼(左6)、武道(左7)、爱波斯坦(左10)在延安机场

---

① 赵超构:《延安一月》,上海:上海书店出版社,1992年,第228页。
② 赵超构:《延安一月》,上海:上海书店出版社,1992年,第255页。

美军观察组在延安

1944年7月22日中午,一架美国空军C-47型客机飞抵延安机场。飞机上是一批特殊的客人:由9人组成的美军观察组成员。十几天后,8月7日,第二批观察组成员也到达延安。

这个观察组非正式的名称是"迪克西使团"。它是由驻在重庆的中缅印战区司令部派来和中国共产党建立联系的。这因此也开创了中国共产党与美国官方的首次合作,成为延安时期外交领域

毛泽东与美军驻延安观察组组长包瑞德上校在延安

的重大事件。

毛泽东对美国军事观察组的到来格外重视。在美军观察组来延前夕，适逢美国建国168周年。1944年7月4日，按照毛泽东的指示，延安举行了热烈的庆祝会。中央领导同志及在延安的外国人以及中外记者团的记者们都参加了。同一天，延安《解放日报》刊发社论：《庆祝美国国庆日——自由民主的伟大斗争节日》。8月15日的《解放日报》再次发表社论：《欢迎美军观察组的战友们！》其中"战友们"三个字是毛泽东修改时特意加上去的。

当时的延安机场非常简陋，在美军观察组到来之前，只是偶尔使用，大飞机起降也很不安全。为保证美军观察组的安全抵达，毛泽东亲自拟了一份电报，致电当时在重庆的中共代表林伯渠、董必武，告知飞机在延安机场降落时应注意的事项，包括雨季飞机不能超过的重量，跑道的长度、宽度和降落方向，机场标记等。①

最初来延安的美军观察组共有成员18人。他们分两批到达，第一批在7月22日，第二批在8月7日。1944年9月5日，美国新闻处和纽约外交政策协会宣布，美军代表团抵达延安。

美军驻延安观察组第一批人员名单

姓 名	职 务
戴维·D.包瑞德上校	参谋部人员，美军观察组团长
约翰·S.谢伟思	美国大使馆二等秘书，中缅印战区司令部政治顾问
梅尔文·A.卡斯伯格少校	医学博士，美国陆军医务部队
雷·克罗姆林少校	美国陆军航空兵
约翰·C.科林上尉	美国陆军步兵
查尔斯·G.斯特尔上尉	美国陆军航空兵

---

① 中共中央文献研究室编：《毛泽东年谱（1893—1949）》中卷，北京：中央文献出版社，2002年，第526页。

保罗·C.多姆克上尉	美国陆军通讯兵
亨利·S.惠特尔赛中尉	美国陆军步兵
安东·H.雷米尔上士	美国陆军通讯兵

按照美国陆军中缅印战区司令部1944年7月21日给戴维·D.包瑞德上校的备忘录，美军驻延观察组的主要任务是：了解共产党军队的力量、位置、作战部署、装备状况、训练状况、战斗力；共产党军队的战斗序列；共产党在敌军内部和敌占领区中情报能力的利用和发展；共产党官员的情况；共产党军队的作战行动；共产党控制地区目前的扩展状况；共产党战争能力的潜在贡献的估价；共产党对战争所能作出的贡献的评估。同时要通过延安，了解敌军轰炸的损失状况；敌军在中国北部地区的机场和空防力量；敌军战斗序列；汪伪军队的战斗序列；敌军的作战行动。并掌握气候状况、经济情况以及相关情报。其目的是为了获得关于共产党控制区状况的信息，并在得到准确情报的基础上，对共产党军队作战能力作出正确的估计。同时也与中国共产党寻找合作路径。恰如罗斯福总统在给蒋介石的电报中所表示的，希望通过延安，增加关于中国北部和东北的日军情报的来源，为战胜日本法西斯，以及后期的战略反攻做准备。[①]

美军驻延安观察组第二批人员名单

姓　名	职　务
雷蒙德·第·卢登	美国大使馆二等秘书，中缅印战区司令部顾问
雷金纳尔德·E.福斯中校	美国陆军航空兵
威尔伯·J.彼得金少校	美国陆军步兵
查尔士·E.多尔少校	美国陆军航空兵
布鲁克·多兰上尉	美国陆军步兵

---

① ［美］D.包瑞德著，万高潮、卫大匡等译：《美军观察组在延安》，北京：解放军出版社，1984年，第31、32页。

路易斯·M.琼斯中尉	美国陆军航空兵
西蒙·H.希契上尉	美国海军
华尔特·格雷斯中士	美国陆军通讯兵
乔治·I.中村	四级技师，应征入伍者

对于中国共产党人来说，中国共产党所从事的抗日战争也需要与美国政府包括美国军队加强了解，并寻求相互的支持。毛泽东、朱德、周恩来不仅亲自出面接待观察组，毛泽东还与观察组重要成员谢伟思等人就一些重大问题长谈。

1944年7月26日，毛泽东出席为美军观察组第一批人员到达延安举行的晚宴时，与坐在身旁的约翰·S.谢伟思进行了交谈。毛泽东提出美国是否有可能在延安建立一个领事馆的问题，并说他提出这一问题，是因为考虑到在抗日战争结束后美军观

彭德怀向美军驻延安观察组组长包瑞德介绍八路军敌后抗战情况。左起：彭德怀、叶剑英、杨尚昆、包瑞德、黄华

察组会立即撤离延安,而那时正是国民党发动进攻和打内战的最危险的时机。接着,在8月23日、10月9日,毛泽东又先后两次与谢伟思就国共关系进行谈话。毛泽东说:国民党已在忙于为发动内战制造借口。

为了使美军观察组尽快了解中国共产党领导的抗日根据地的情况,党中央和中央军委组织安排我军的高级将领向他们做了有关敌后战场的全面介绍。彭德怀、叶剑英、陈毅、林彪、聂荣臻、贺龙等都参加了。叶剑英参谋长从总体上介绍我军在华北、华中、华南等十五块抗日根据地的斗争情况。彭德怀副总司令向观察组连续做了三次报告,具体介绍华北战场。此外,还召开了一些专门问题的座谈会,组织了各种参观活动。据不完全统计,至抗战结束时,

美军驻延安观察组成员穿着中山服在延安留影。左起:雷蒙德·第·卢登、琼斯、斯特尔、格雷斯、保罗·C.多姆克、中村、克劳姆莱、戴维·D.包瑞德、多尔、约翰·谢伟思、彼得金、雷米尼、希契、亨利·S.惠特尔赛、高林、约翰·多兰

美军驻延安观察组组长包瑞德上校与日本工农学校校长冈野坂参三交谈

延安方面提供给美军书面情报120多份,营救美军人员102人。

观察组组长包瑞德对八路军的真诚合作曾给予高度赞赏,认为"八路军给予美国陆军的衷心合作和实际协助几乎是尽善尽美的。"

观察组成员大都是年轻军官,热情、活跃、精力充沛,他们抵达延安后,克服生活上的困难,立即投入工作,架电台,设气象站,观看我军战士军体训练,与民兵一起研究土制地雷,查访我卫生工作。他们出席群众集会,观看文艺演出,参加休闲舞会,与我军民打成一片,也在相互接触中,建立起了难忘的友谊。

在延安期间,美军观察组成员还考察了日本工农学校,并参加了相关的活动。据观察组成员记述:

> 大约有一百五十人的"战俘",共产党人更加委婉地称他们为"日本人民解放联盟的盟员"或"日本工农学校的学生"。在延安地区,我只看到过一两个另外类型的日本人。我在延

安附近的驻军地南泥湾见到了一个这样的人,他穿着共军的制服,他告诉我,他是工兵部队的,正在为共产党及其军队建造房屋。①

1944年夏,八路军参谋长叶剑英陪同美军驻延安观察组在南泥湾考察

观察组成员也从他们的视角中发现了中国共产党军队训练方式的不同。包瑞德回忆:

> 我们的讲演和实物演示对于共产党军队究竟有多少效果,我感到怀疑,因为他们的训练方式同我们有显著区别。我们的训练方式主要是为军队在对环境、居民完全不了解的情况下作战而设计的。而共产党军队则几乎总是能得到当地居民的合作和支持,当地军民总是找到好机会获得关于敌军的重要情报,并且很愿意

---

① [美]D.包瑞德著,万高潮、卫大匡译:《美军观察组在延安》.北京:解放军出版社,1984年,第41页。

把情报报告给共产党军队。因而，共产党军队的训练方法完全不同于我们，他们很少强调侦察、巡逻、搜索和其它收集情报的方法。①

为了全面了解中国共产党所领导的抗日根据地活动情况，美军观察组还派出人员分赴晋绥和晋察冀抗日根据地进行实地考察。经过考察，他们认为：包括延安、晋绥抗日根据地考察的这些小组所提交的报告都同意这一点，即在抗日根据地，虽然还不能看到民主政权的优势，但都感到共产党正在得到全中国人民的支持。

美军驻延安观察组成员在惠特塞纪念堂前合影

---

① ［美］D.包瑞德著，万高潮、卫大匡译：《美军观察组在延安》，北京：解放军出版社，1984年，第53页。

1944年10月23日，周恩来、朱德、谢伟思、毛泽东、叶剑英（左起）在延安王家坪的合影

美驻华大使馆二等秘书、中缅印战区司令部政治顾问、美军观察组成员、约翰·S.谢伟思就中国抗战形势和各派政治力量的消长，向美国国务院写了大量报告，并就美国应该采取的政策提出了许多很有见地的建议。谢伟思在报告中高度赞扬中国共产党，他写道：

> 我们的全体成员有一个同样的感觉，好像我们进入了一个不同的国度和遇见了不同的人民。在共产党那里，有一种生机勃勃的气象和力量，一种和敌人交战的愿望，这在国民党的中国是难以见到的。①

---

① 胡劼：《红色记忆 薪火相传》，《"红星照耀中国——外国记者眼中的中国共产党人"展览侧记》，《中国档案报》，2013年11月28日。

看到报告的包瑞德提醒谢伟思,要避免这样的报告给自己添麻烦,谢伟思回答道:我是一个外交官,这些报告和情况介绍中所写的,是我亲眼观察到的东西以及我仔细考虑过的意见。如果华盛顿的人们不高兴,他们大可以把报告扔掉。

对陕北共产党根据地的初步非正式印象①

第1号,1944年7月28日

对外关系:1944年,517—20页

虽然我们到这里时间还不长,我已经有机会和许多中国朋友见面、谈话,会见了在共区已经住了一些时候的三位外国人,而且还要会晤大多数重要的共产党领导人。

有趣的是,我的初步印象——和观察组其余人员的印象一样——是极其讨人喜欢的。外国记者,至少两名记者(武道和福尔曼)的印象同样是如此,在他们来到延安之前,无论怎样夸大,也不能称他们为"亲共分子"。中国共产党人的魔力似乎仍然在起作用。

——[美]谢伟思

1945年8月15日,日本天皇以广播"停战诏书"形式宣布无条件投降。1946年4月观察组的工作结束,部分成员转归北平军调处领导,并于6月24日改名联络组并继续留驻延安。12月12日,延安各界在边区参议会大礼堂举行纪念西安事变十周年大会。延安联络组组长约翰·赛尔斯上校和霍克少校出席会议。这是延安联络组最后一次参加延安的公众集会。

---

① [美]约瑟夫·W.埃谢里克编著,罗涛、赵仲强译,《在中国失掉的机会——美国前驻华外交官约翰·S.谢伟思第二次世界大战时期的报告》,北京:国际文化出版公司,1989年,第180、181页。

1947年3月11日上午，美军驻延安联络组撤离延安。

美军驻延安观察组（包括联络组[①]）历任负责人

姓　名	时　间
戴维·D.包瑞德上校	1944.7.22—1944.12.29
莫里斯·I.德·帕斯上校	1944.12.29—1945.2
威尔伯·J.彼得金少校	1945.3.4—1945.7
伊万·D.伊顿上校	1945.7—1945.11
美籍华人杨照辉少校	1945.11—1946.4
詹姆斯·巴特勒	1946.11—不详
约翰·塞尔斯上校	不详—1947.3

[①] 美军驻延安观察组人数最多时为45人。从1944年7月22日，直至1946年4月20日回到北平总部。1946年7月24日，被命名为延安联络组，置于北平执行总部的军队改编部门（Army Reor-ganization Section）之下。

第三只眼看延安（代后记）

这张大家熟悉的照片是美国记者斯诺所拍，他不仅是第一个来到陕甘宁苏区的外国记者，也是延安时期最早给毛泽东拍照的人。

1937年1月，中共中央进驻延安。从斯诺的夫人海伦·斯诺开始，包括后来的中外记者西北访问团在内，前前后后有十几位外国记者来到延安，此外还有1944年受美国政府派遣、专程进驻延安的美军观察组一行18人。他们带着"谁？什么是中国共产党？"的疑问来到延安，就是想通过独立的观察，了解中国共产党和共产党领导下的八路军到底是一些什么样的人。

以毛泽东为领袖的中国共产党人坦诚欢迎他们的到来。美国记者斯坦因感叹："在东方我还没有碰见任何能让别人如此访问的人。但是延安的人似乎并不在乎。"美军观察组政治顾问谢伟思也感慨："从来没有一个共产党社会像中国共产党在1944年7月到1945年3月这八个月期间那样对美国开放。大批美国人在他们的每一块领土上都

1936年，斯诺在保安给毛泽东拍摄的红军照

进行了旅行,进行了多种形式的合作,探索各个方面的情况,在延安和前线每天同共产党领导人和一般工作人员亲密友好地接触并生活在一起。"

正因为延安的敞开胸怀,为外国记者和其他外籍人士在延安的采访、观察提供了极为便利的条件,也就有了后来对中共领袖、中国共产党、共产党领导下的人民军队,对陕甘宁边区的全方位报道和展示,这些报道在中外媒体上发表后,产生了极为强烈的反响。不少青年学生包括海外华侨就是在阅读了这些报道或书籍后,克服重重困难,纷纷奔赴延安。

光阴荏苒。历史的沧桑不应埋没曾经的辉煌,时代的前行更需要精神的传承。延安时期峥嵘岁月所体现的时代风尚,不仅仅体现在外国友人、外国记者的文字中、镜头里,不仅仅体现在海外侨胞、国统区来的民主人士、国内记者的见闻和感受中,更体现在许多曾生活在延安的延安岁月亲历者的思绪与回忆中,翻检和寻绎这些文字、图像中关于延安的人和事、关于延安生活的方方面面,就构成了延安时代风尚的新的解读与展示,也从历史亲历者的原味表述中,为我们打开当年延安的时代画卷。

历史有各种不同方式的记录。这本小册子通过延安岁月亲历者的眼睛,通过来到延安的中外记者及各方人士的眼睛,也通过历史文献、回忆录以及故居旧址的无声讲述,通过一幅幅代表性的主题与画面,为读者客观展示了延安时期的时代风貌,并汇聚成延安风尚的独特景观。相信会给今天的人们以启迪,以感奋,以动力。

参考文献

（按出版时间先后为序）

［1］《新中华报》（1937.1—1941.5）

［2］齐礼.陕甘宁边区实录.解放社，1939.

［3］《解放日报》（1941.5—1947.3）

［4］黄炎培.延安归来.国讯书店，1945.

［5］茅盾·茅盾文集（第十卷）.北京：人民文学出版社，1958.

［6］陕甘宁边区政权建设编辑组.陕甘宁边区的精兵简政（资料选辑）.北京：求实出版社，1982.

［7］[美]D.包瑞德.美军观察组在延安.北京：解放军出版社，1984.

［8］[日]香川孝志，前田光繁.八路军内日本兵.东京：日本同时代出版会，1984.

［9］[美]埃德加·斯诺.宋久，等译.斯诺文集：为亚洲而战.北京：新华出版社，1984.

［10］孙新元，尚德周.延安岁月，西安：陕西人民美术出版社，1985.

［11］中共中央文献研究室.毛泽东哲学批注集.北京：中央文献出版社，1988.

［12］[美]约瑟夫·W.埃谢里克.在中国失掉的机会——美国前驻华外交官约翰·S.谢伟思第二次世界大战时期的报告.北京：国际文化出版公司，1989.

［13］苏力.延安之声.西安：陕西旅游出版社，1990.

［14］吴介民.延安马列学院回忆录.北京：中国社会科学出版社，1991.

[15] 毛泽东.毛泽东选集(1—4卷).北京:人民出版社,1991.

[16] 西安市政协文史资料委员会编.忆延安(西安文史资料第17辑).西安:陕西人民出版社,1991.

[17] 陕西省档案馆,陕西省社会科学院.陕甘宁边区政府文件选编(第14辑).北京:档案出版社,1991.

[18] [美]约翰·高林.延安精神:战时中美友好篇章.北京:华艺出版社,1992.

[19] 文化部党史资料征集工作委员会,延安鲁艺回忆录编辑委员会.延安鲁艺回忆录.北京:光明日报出版社,1992.

[20] 艾克恩.延安艺术家.西安:陕西人民教育出版社,1992.

[21] 肖效钦,钟兴锦.抗日战争文化史.北京:中央党校出版社,1992.

[22] 徐新民.在毛泽东身边.北京:中央党校出版社,1993.

[23] 中共中央文献研究室.毛泽东文集(第2卷).北京:人民出版社,1993.

[24] 李彬.抗日华侨与延安.西安:陕西人民出版社,1995.

[25] 陈嘉庚.南侨回忆录.长沙:岳麓书社,1998.

[26] 中共四川省委党史研究室,刘文耀,杨世元.吴玉章年谱.成都:四川人民出版社,1998.

[27] 中共中央文献研究室.毛泽东在七大的报告和讲话集.北京:中央文献出版社,2000.

[28] 张培森.张闻天年谱(修订本):上卷.北京:中共党史出版社,2000.

[29] 中国人民解放军国防大学.中国人民抗日军事政治大学史.北京:中国人民解放军国防大学出版社,2000.

[30] 丁雪松口述,杨德华整理.中国第一位女大使丁雪松回忆录.南京:江苏人民出版社,2000.

[31] 曾刚. 山高水长：延安音乐回忆录（修订版）. 西安：太白文艺出版社，2001.

[32] 杨尚昆. 杨尚昆回忆录. 北京：中央文献出版社 2001.

[33] [美] 埃德加·斯诺. 西行漫记. 北京：解放军文艺出版社，2002.

[34] 中共中央文献研究室. 毛泽东书信选集. 北京：中央文献出版社，2003.

[35] 爱泼斯坦. 见证中国：爱泼斯坦回忆录. 北京：新世界出版社，2004.

[36] 刘英. 刘英自述. 北京：人民出版社，2005.

[37] 中共中央文献研究室. 朱德年谱（新编本）. 北京：中央文献出版社，2006.

[38] 刘益涛. 十年纪事：1937—1947 年毛泽东在延安. 北京：中共党史出版社，2007.

[39] 吴筑清，张岱. 中国电影的丰碑：延安电影团故事. 北京：中国人民大学出版社，2008.

[40] 于明黎. 口述上海：浦江之畔忆延安. 上海：上海教育出版社，2009.

[41] 王仲方. 延安风情画——一个"三八式"老人的情思. 北京：中国青年出版社，2010.

[42] 梁漱溟. 我与中国民主同盟：为团结抗敌和平建国而奔走. 北京：当代中国出版社，2011.

[43] 程中原. 转折关头：张闻天在 1935—1943. 北京：当代中国出版社，2012.

[44] 中共中央文献研究室. 毛泽东年谱（修订本）. 上中下卷. 北京：中央文献出版社，2013.

[45] 陈学昭. 延安访问记. 北京：中国国际广播出版社，2013.